W0044317

punctum 001

Najem Wali
Die Balkanroute
Fluch und Segen der
Jahrtausende

Aus dem Arabischen
von Markus Lemke

Mit Fotografien von
Goran Potkonjak

Matthes & Seitz Berlin

Meiner Schwester Nawal gewidmet

Caminante no hay Camino
(Preverbios y Cantares)

ANTONIO MACHADO

Caminante, son tus huellas
el camino y nada más;
Caminante, no hay camino,
se hace camino al andar.
Al andar se hace el camino,
y al volver la vista atrás
se ve la senda que nunca
se ha de volver a pisar.
Caminante no hay camino
sino estelas en la mar.

Wanderer, der Weg sind die Spuren
deiner Füße und sonst nichts;
Wanderer, es gibt keinen Weg,
der Weg entsteht beim Gehen.
Beim Gehen entsteht der Weg,
und wendest du den Blick zurück,
so siehst du die Spur, die kaum
jemals wieder begangen wird.
Wanderer, es gibt keinen Weg
sowie auch keine Abdrücke im Meer.

Der Beginn der Reise

Die Balkanroute … genau genommen hatte ich, noch bevor mir überhaupt der Gedanke zu diesem Buch kam, schon verschiedentlich darüber nachgedacht, mich auf eben dieser Route auf eine Reise zu begeben, so wie sie meine Schwester im Frühling des Jahres 2002 unternehmen musste, wenn auch nicht auf dieselbe Art und Weise oder unter denselben Bedingungen. Denn was mich an erster Stelle interessierte, war, einen – und sei es noch so vagen – Eindruck von dem Weg zu bekommen, den sie zurückgelegt hatte, um dadurch ihre dabei erlebten Strapazen und Leiden besser zu verstehen. Dabei war mir der Unterschied zwischen uns beiden sehr wohl bewusst: Meine Schwester kam aus dem Süden und wollte gen Norden, war geflohen aus der Hölle einer Diktatur. Sie hatte keinen anderen Ausweg für sich gefunden, als sich den Launen und Plänen von Menschenschmugglern anzuvertrauen, die taten, was sie schon immer getan haben (und wer weiß wie lange noch tun werden): Flüchtlinge wie sie über eben jene Balkanroute zu schleusen. Was mich betrifft, so hatte ich selbst gut zwei Jahrzehnte zuvor aus ebenderselben höllischen Diktatur meine Flucht angetreten, um genau zu sein am 28. Oktober 1980. Doch ein Vergleich meiner Flucht mit der ihren ist ein Ding der Unmöglichkeit, selbst wenn auch ich einer Fülle von Gefahren und Risiken ausgesetzt gewesen sein mochte, etwa der, Grenzer könnten unterwegs herausfinden, dass einige meiner persönlichen Dokumente gefälscht waren. Und selbst eingedenk der Tatsache, dass ich ungefähr denselben Weg über den Balkan genommen hatte, den auch sie zurücklegen musste. Doch ich hatte damals auf mich selbst vertraut und nicht auf Schmuggler oder Fluchthelfer, hatte einige der Papiere, die mir helfen sollten, die Grenze zwischen dem Irak und der Türkei zu überwinden, eigenhändig gefälscht. Nach der gelungenen Grenzüberquerung war ich mit der Eisenbahn von Istanbul über Sofia, Belgrad, Budapest und Prag nach Berlin und von dort weiter nach Hamburg gefahren, eine Reise mithin, die einem heute recht komfortabel anmutet im Vergleich zu den Strapazen, die meine Schwester auf der Balkanroute zu überstehen hatte, bis sie schließlich mit dem Flugzeug in Frankfurt landen konnte.

Ich wollte die Reise nun aus dem wohlhabenden Norden antreten, dem Norden der Freiheit und Sicherheit, aus Deutschland, dem Mekka aller, die aus der Hölle von Diktaturen und Kriegen fliehen, vor Unrechtsregimes, Hunger und dem Verlust jeglicher Hoffnung im

Leben. Doch so oft ich darüber nachdachte, schob ich den Gedanken wieder auf, vielleicht wegen der Zähigkeit der Sorgen des Alltags, vielleicht auch weil mich dann doch immer wieder Bedenken über die Abwegigkeit der Idee einholten. Denn selbst wenn ich denselben Weg nähme, den meine Schwester hatte zurücklegen müssen und auf dem Millionen von Flüchtlingen vor ihr und nach ihr gegangen waren, würde ich mich doch nicht an ihre Stelle versetzen können. Schließlich hätte eine Verhaftung für sie die Rückführung bedeutet und Internierung und die Auslieferung an ein diktatorisches Regime nach sich gezogen, das seine Verbrechen am helllichten Tage gegen jeden verübte, der andere politische Ansichten vertrat. Jeder Flüchtling hat seine eigene Geschichte, seine eigenen Fluchterfahrungen, und was auch immer an Einzelheiten davon erzählt werden mag – es wird niemals ausreichen zu vermitteln, was er im Augenblick der Flucht empfunden hat.

Es musste erst der Frühling des Jahres 2016 anbrechen, damit die Idee dieser Reise erneut in meinem Kopf erwachte. An jenem Morgen im Frühling berichteten, wie seit dem Sommer 2015 tagtäglich, Nachrichtensendungen und -agenturen auf allen Kanälen von neuen »Flüchtlingswellen« auf der Balkanroute, insbesondere auf der »östlichen Mittelmeerroute«

vom türkischen, nördlich von Izmir an der Ägäisküste gelegenen Ayvalik aus zur Insel Lesbos und anderen griechischen Inseln. Mit einem Mal war mir klar, dass ich diese Reise unternehmen musste, die ich, ich weiß nicht wie viele Male schon, hatte in Angriff nehmen wollen. Ich musste die Sache mit eigenen Augen sehen, denn ich hatte genug von den Nachrichten und Sondersendungen auf allen Fernsehkanälen, die immerzu Bilder von verlorenen Gestalten aus dem Lager Idomeni und vor der abgeriegelten Grenze zu Mazedonien brachten oder aber von den Leichen der im Meer Ertrunkenen ... ich wollte reale Menschen sehen. Und ich war die Hetze der Politiker leid, die Hass, Rassismus und Argwohn verbreiteten und zum Bau von weiteren Sperranlagen und Zäunen aufriefen. Auch angesichts der Lügen derjenigen empfand ich Ekel, die im Namen staatlicher und nichtstaatlicher Hilfsorganisationen sprachen, diese Experten für die Verwaltung des Elends (und nicht etwa seiner Bekämpfung), die sich insgeheim an dem erfreuen, was passiert, da es ihnen ihr tägliches Auskommen und den Arbeitsplatz sichert. Und ich war meiner selbst überdrüssig, der ich mein alltägliches Leben lebte, als gäbe es nichts außerhalb der Wohlstandsblase dieses behaglichen Daseins. Denn wir tafeln bis zur Übersättigung, trinken bis zum Rausch, schwadronieren über alberne, nichtige Probleme, und Millionen von Menschen klopfen an unsere

Türen, verlangen Hilfe und Rettung. Die Balkanroute wird zum Massengrab wie zuvor das Mittelmeer, und eine Lösung ist nicht in Sicht. Im Gegenteil, die Zahl der Flüchtlinge steigt und die Politik wiegelt bloß ab, ist auf der Hut. Wer den Auslösern der Flüchtlingskrise begegnen wollte, müsste für Frieden in den Kriegsgebieten sorgen. Gleichzeitig jedoch exportieren die USA, Russland und europäische Staaten wie Deutschland, Frankreich und andere verstärkt Waffen in eben diese Regionen. Der Wohlstand, in dem der Westen lebt, hängt nicht zuletzt auch mit den florierenden Waffenexporten zusammen. Deutschland allein hat im Jahr 2015 Waffen im Wert von 4,2 Milliarden Euro exportiert (ein Rekordwert in der deutschen Geschichte). Wäre es anders, müssten sich die Konfliktparteien gegenseitig mit bloßen Händen erwürgen.

Und auf der anderen Seite die Fluchthelfer, die immer noch dieselben sind, ebenso wie die Tarife – es musste erst ein ganzer Batzen Geld an diese Leute gezahlt werden, ehe meine Schwester nach zwei Tagen endlich heil und wohlbehalten in Frankfurt landen konnte. Ganz sicher sind es dieselben Hintermänner, die auch die großen Menschenschmuggelaktionen überwachten, die sich im Sommer 2015 und im Frühjahr 2016 abspielten. Vielleicht mögen es auch schon ihre Söhne sein, unwichtig. Auch was den Ablauf der Schmuggeloperationen betrifft, hat sich nichts verändert, weder in Bezug auf die Route, welche die Schmuggler für ihre menschliche Ware wählen – auch wenn diese zuweilen hier oder dort abweichen mag, so ist es im Endergebnis doch immer dieselbe, die Route über den Balkan –, noch, was die Ausrüstung anbelangt, die die Schmuggler von den Flüchtlingen verlangen: Die Kleidung ist immer die gleiche, ganz egal, ob für Männer oder für Frauen; immer Jeanshosen, Nike-Sportschuhe, ein kleiner Rucksack, eine Wasserflasche, die unten am Rucksack zu befestigen ist. Und für jene, die auf dem Seeweg kommen, zusätzlich noch eine einfache und oft unzureichende orangefarbene Rettungsweste. Für diese Ausrüstung, zu der mitunter noch ein paar andere, kleinere Gegenstände gehören mögen, bezahlen die Flüchtlinge ihre Schmuggler ebenfalls. Sie sind es, die Kleidung und Ausrüstung erwerben, nachdem sie die entsprechenden Größen erfahren haben. Der Preis ist unter Zusatzleistungen (oder Diversem) stets im Schmuggeltarif mit enthalten.

All das weiß die Politik, weiß, dass hinter dem Menschenschmuggel Firmen und Fabriken stehen, Kapital und mafiöse Syndikate. Sogar die Hotels in Izmir, Ayvalik, Thessaloniki und Athen haben immer dieselben Adressen, und die Flüchtlinge sind verpflichtet, vor ihrer organisierten Weiterflucht mindestens drei Nächte dort abzusteigen. Die Hotelkosten, mindestens 50 Euro pro Kopf und Nacht, fallen ebenfalls unter »Diverses«, für das die Flüchtlinge aufzukommen haben.

Ich wusste nicht, dass die Reise, die ich angetreten hatte, um die aufwühlenden Geschehnisse selbst zu bezeugen und zu dokumentieren, in eine andere Richtung verlaufen und ganz woanders enden würde. Denn zunächst dachte ich hauptsächlich daran, meine Hilfe bei der Übersetzung aus dem Arabischen anzubieten, um die Verständigung zwischen den Flüchtlingen und den vor Ort tätigen Hilfsorganisationen zu erleichtern. Ich wusste nicht, dass meine Unternehmung im April 2015 mich verleiten würde, zum mittlerweile geräumten Lager Idomeni vorzustoßen, um dieses im Sommer desselben Jahres gleich noch ein zweites Mal zu besuchen, diesmal für einen längeren Zeitraum.

Meine Reise führte mich nach Thessaloniki, Istanbul und Izmir, bevor ich als Letztes die Insel Lesbos besuchte. Dabei fiel mir auf, dass jeder gegenwärtige Schritt auf der Balkanroute ein Echo auslöste, das aus einem unsichtbaren Resonanzraum zu kommen schien, dem Resonanzraum der Vergangenheit. Seit Jahrtausenden ist die Balkanroute Schauplatz von bereicherndem Austausch und beraubender Vertreibung. Wer sich auf ihr bewegt, wird automatisch begleitet von früheren, vergangenen und nachwirkenden

Flucht- und Migrationswellen. In den Episoden der Geschichte scheinen, mal mehr, mal weniger versteckt, immer wieder Grundzüge, -motive und -probleme der Migration auf, die sich bis heute fortsetzen. In mir keimte daher die Idee, die heutigen, oft erschreckenden Bilder durch die Schicksale der Geschichte anzureichern. Im Folgenden soll versucht werden, kaleidoskopartig Szenen aus der Bewegungsgeschichte der Route anzuordnen und diese so durch die Geschichte hindurch zu kartografieren. Mögen der Leser, die Leserin sie selbst deuten und entscheiden, ob sich daraus Schlüsse für die heutige Situation ziehen lassen und es lohnt, den Staub von Asphalt und Pflaster aufzuwirbeln. Denn vielleicht verschafft der Blick in die Vergangenheit unserer erbarmungswürdigen Gegenwart eine andere Präsenz ...

Die Urszene der Auswanderung

Kann es eine Beschäftigung mit dem Thema Auswanderung, mit Flucht und Bewegung, mit der Verschiebung von Völkern und Individuen geben, ohne auf ihn zu sprechen zu kommen, diesen rätselhaften Koloss, auf den sich heute alle verständigen können, unerheblich, wie zerstritten und gegensätzlich sie sonst sind, auf den Propheten Abraham bzw. Ibrahim? Einmal ist er der Stammvater der Menschheit, ein andermal ihr Hirte. Und er ist der Einzige, auf dessen Weg die Gläubigen so vieler Religionen und Konfessionen geführt zu werden flehen – den »geraden Weg«: »Mein Antlitz wende ich ihm zu, und mein Geschick vertraue ich ihm an, dem Herrn der Welten, dem Schöpfer von Himmel und Erde. Es gibt keinen Gott außer ihm allein, und was bin ich, wenn nicht rechtgläubiger Muslim der Religion Ibrahims«, so pflegte mein Großvater väterlicherseits auszurufen, um dann zu vollenden: »Herr, führe mich auf den rechten Weg, den Weg der Religion Ibrahims.« Ich denke, mein Großvater war nicht der Einzige, der es so hielt, Millionen von Menschen haben mit ihm dieses oder ein ähnliches Gebet an den Propheten Ibrahim gerichtet, die berühmteste unter den Patriarchengestalten und denjenigen mit der mächtigsten religiösen Stellung innerhalb der drei Buchreligionen, dem Judentum, dem Christentum und dem Islam. Nach Adam gilt er als Stammvater der Menschheit und aller, die an die Einheit Gottes glauben. Und er ist der Ahn all jener Propheten, die in Westasien und später in der Weltgeschichte auftraten und wirkten, vor allem der drei Propheten Moses, Jesus und Muhammad.

Die Biografie dieser historischen Ausnahmepersönlichkeit liegt für uns heute weitestgehend im Nebel der Ungewissheit verborgen. Der einzig sichere Umstand jedoch, den alle Erzählungen und Mythen der verschiedenen Religionen überliefern und über den allgemeiner Konsens herrscht, ist die berühmte Auswanderung. Und wenn dieses Buch seinen Untertitel einem historischen Umstand schuldet, dann diesem: Abrahams Geschichte wirkt wie ein Muster für die folgenden Jahrtausende, geprägt durch die Gezeiten von Zu- und Wegzug, durch Flucht und Bewegung. Flucht als Synonym für die eigene Rettung vor natürlichen oder gesellschaftlichen Bedrohungen, vor Hungersnot, Krieg oder Verfolgung durch einen despotischen Herrscher, Flucht als lebensrettende letzte Ratio. Und gleichzeitig alles, was sich damit an Bedeutungen assoziieren lässt: Weggehen und Heimkehr, Abbrechen und Aufbauen, Zurücklassen und Mitsichtragen. All diese Motive, ihre Antriebe und ihre Konsequenzen scheinen in dieser Urszene der menschlichen Zivilisation auf und werden uns auf der Balkanroute und in ihrer Geschichte immer wieder begegnen.

Erlauben wir uns angesichts der Unklarheit über die historische Existenz Abrahams zunächst eine kleine Spekulation: Mitte des 2. Jahrtausends vor unserer Zeitrechnung, also in jener Zeit, in der sich Abraham zusammen mit seinem hochbejahrten Vater Tharah (Azar im Koran, Sure 6 [Das Vieh], 74), mit Lot, dem Sohn seines Bruders Haran, und seiner Frau Sarai auf den Weg gemacht haben soll, findet sich in einem altsumerischen Text ein Bericht über eine Gestalt aus Ur (im heutigen Irak), die sich angesichts der Verwüstungen ihrer Heimat im Zuge eines Krieges zur Auswanderung entschließt. So heißt es dort: »Der starke Mann brach sein Zeltlager ab und verstreute seine Herde in alle Winde.« Hernach werden die Namen einiger der großen sumerischen Städte aufgezählt und deren Schicksal geschildert, um dann zur Beschreibung des himmlischen Urteils (oder Fluchs) zu kommen, das die Zerstörung dieser Städte und das Abschlachten ihrer Bevölkerung bedeutet. Man liest, wie das Schluchzen der Menschen nicht enden will und die Wege sich mit den Leichen der Getöteten füllen, die durch Lanzen und Säbel niedergemetzelt liegen bleiben, bis die Sonne ihr Fett verflüssigt. Wer aber dem Tod entrinnt, unterwirft und demütigt sich, da Mütter sich von ihren Töchtern trennen, Väter ihre Söhne verlassen und Frauen ihre Ehemänner verraten. Könnte es nicht sein, dass dieser besagte »starke Mann« (al-Fahl) möglicherweise Abraham ist, und lieferte die Schilderung des sumerischen Dichters dann nicht einen plausiblen historischen Hintergrund für die Geschichte von Abrahams Auswanderung – denn jemand, der von einem Ort auswandert, ja flieht, muss dafür seine Gründe haben. Insbesondere, da Abraham ja das Zweistromland zwischen Euphrat und Tigris verlässt, dessen Süden berühmt für seine Fruchtbarkeit und seinen Wohlstand war und über alle Zeiten die Zuwanderung von Völkern erlebte, nicht jedoch das Gegenteil. Und so wie Abrahams zweite Wanderschaft von Kanaan nach Ägypten mutmaßlich mit einer großen Hungersnot zusammenhing, die durch eine Abfolge von Dürrejahren ausgelöst wurde, die die Region zur damaligen Zeit trafen, so scheint es der von feindlichen Armeen ins Zweistromland getragene Krieg zu sein, welcher den Grund für Abrahams erste Emigration darstellte.

Nun datiert die Thora Abrahams Auswanderung in die Zeit des Reiches der Chaldäer, also anderthalb Jahrtausende später, wobei mit neueren Forschungen (siehe: Sayyid al-Qemany, *The Unknown History of the Prophet Abraham [al-nabi ibrahim wat-tarikh al-majhul]*, 1996) vermutet werden kann, dass die Verfasser der Heiligen Schrift die Lokalisierung »Ur in Chaldäa« wählten, da dieser Ort so vertrauter und dem Zeitpunkt der Niederlegung des Schriftenkanons näher wurde.

Nehmen wir also an, Abraham verlässt gezwungenermaßen das sumerische Ur, begleitet nur von einer Handvoll Menschen, die aus seiner Familie überlebt haben, nachdem sie dem Blutbad entronnen sind. Sie ziehen in Richtung Kanaan, lassen sich auf dem Weg aber nieder im südostanatolischen Haran. Ein einfacher Blick auf die Landkarte indes lässt uns stutzen: Um ins Land Kanaan (Palästina) zu gelangen, hätte Abraham gar nicht den Umweg über Haran machen müssen. Denn schließlich lag Haran – von Ur aus gesehen – im Norden, während Kanaan östlich gelegen war. Warum also ist Abraham nicht direkt dorthin gezogen? War der Zugang zum Land Kanaan von Osten aus schwierig und nahm Abraham deshalb einen Umweg auf sich? Warum dann ausgerechnet Haran? Denn sollte er wirklich aus Ur stammen, so müssen wir fragen: Woher wusste Abraham von Haran? Und warum zog er nicht in eine andere Stadt? Gab es Handelskarawanen oder regelmäßige Migrationsbewegungen dorthin? Oder sollte er einfach dem Euphrat stromaufwärts gefolgt sein und dann etwas abseits des Stromes haltgemacht haben? Doch warum hatte Abraham sich auf seinem Weg dann nicht in anderen Städten, die unmittelbar an den Ufern des Euphrat gelegen waren, niedergelassen? Babylon zum Beispiel oder Mari? Es sind genau diese Umwege und Unklarheiten, die uns Mühe machen, uns die biblische Geschichte so vorzustellen, als ereignete sie sich heute, an einem Ort, an dem Krieg herrscht und Gemetzel an der Tagesordnung sind, wo Menschen die Flucht ergreifen, um auf direktestem Wege ihr Leben zu retten. Doch warum sollte es nicht damals auch schon Fluchthelfer oder Schleuser gegeben haben, die ihre eigenen Vorhaben verfolgen? Warum kann die Auswanderung Abrahams und der Mitglieder seiner Familie – Flucht und Bewegung mithin, Gehen und Zurückkehren – nicht nach einem bestimmten Plan verlaufen sein, da Abraham dieses Haran, in dem sie Zuflucht suchen, unmittelbar darauf wieder verlässt? Wie der biblische Text nahelegt, verlässt er die Stadt nicht aus eigenem Antrieb, sondern weil der HERR, die oberste himmlische Autorität, ihm dies befiehlt. Die Versprechen indes, die Abraham dafür erhält, erscheinen maßlos, stellen einen unwiderstehlichen Anreiz zur Auswanderung dar und decken alles ab, was der Migrant sich in seinem neuen Leben erhofft (und was auch neuzeitliche Migranten unserer Tage ersehnen dürften): »Und ich will dich zum großen Volk machen und will dich segnen und dir einen großen Namen machen, und du sollst ein Segen sein. Ich will segnen, die dich segnen, und verfluchen, die dich verfluchen; und in dir sollen gesegnet werden alle Geschlechter auf Erden.« (Gen 12,1–3) Und tatsächlich sollten sich diese Versprechen beinahe sämtlich erfüllen – das Volk oder die Gemeinschaft Abrahams/Ibrahims ist groß, die Geschlechter der Erde preisen ihn heute als Stammvater. Doch der Preis hierfür war immens, denn alles, was Abraham auf seinem Weg widerfährt, ist Beginn und Auslöser anderer Auswanderungen, die ihrerseits einen hohen Tribut fordern, insbesondere die Flucht Moses. Seine Reise konfrontiert ihn und seine Familie mit allen Erfahrungen, die auch in den nächsten Jahrtausenden zu Fluch und Segen der Migration gehören sollten.

Haran, die einzige genannte Station nach dem Aufbruch aus dem sumerischen Ur (»in Chaldäa«), ist auch die Todesstätte von Abrahams Vater Tharah (Azar), der das verheißene Land nicht mehr erreicht und auf dem Wege zurückbleibt. Nach der ersten Auswanderung divergieren die Schilderungen der Bibel und des Korans. Die Thora und das Alte Testament vermitteln den Eindruck, als sei Abraham – wie eine Puppe durch die Hand Gottes geführt – von einem Ort zum nächsten gewandert und ohne plausiblen Grund immer weitergewandert. Im Gegensatz dazu setzt sich der Koran anders mit der Odyssee Ibrahims auseinander und spricht von dessen Beweggründen und Motiven: Gott führt ihn von einem Ort zum nächsten, da er überall auf »Heiden« oder »Götzendiener« trifft, die er dazu aufruft, dem einen Gott zu dienen, Allah – mithin das erste Prinzip des Monotheismus. Daraus lässt sich rückblickend die Vermutung ableiten, Abraham/Ibrahim habe das sumerische Ur verlassen, weil dessen Bewohner ablehnen, was er verkündet. Auch am Ankunftsort (die Stadt Haran wird im Koran namentlich nicht erwähnt) habe Ibrahim eine Bevölkerung vorgefunden, welche die Gestirne anbetete. Er habe ihnen dies verboten, doch sie hätten auf ihrer kultischen Praxis beharrt, seien hochmütig aufgetreten und hätten an ihrem Irrweg festgehalten, worauf Ibrahim beschlossen habe weiterzuziehen, so als sei er der Auseinandersetzung überdrüssig gewesen oder habe nicht weiter in dieser Gemeinschaft von Sternenanbetern leben wollen. Diesmal tragen ihn seine Füße »in das Land, das wir für die Menschen in aller Welt gesegnet haben« (Sure 21 [Die Propheten], 71).

Später zieht Abram (der erst später durch Gottes Weisung in Abraham umbenannt wird) weiter südwärts in das Land am Nil, wo sich eine denkwürdige Geschichte ereignet, in der sich ein Grundkonflikt jeder Migration spiegelt. »Als nun Abram nach Ägypten kam, sahen die Ägypter, dass seine Frau sehr schön war. Und die Großen des Pharao sahen sie und priesen sie vor ihm. Da wurde sie in das Haus des Pharao gebracht. Und er tat Abram Gutes um ihretwillen; und er bekam Schafe, Rinder, Esel, Knechte und Mägde, Eselinnen und Kamele« (Gen 12,14–16). Die folgenden Plagen, die den Pharao ereilen, markieren die moralische Verwerflichkeit der Situation. Doch Abraham wird das Opfer seiner Frau prämiert: Er wandert abermals aus, um nun dauerhaft in Kanaan zu bleiben, diesmal allerdings als reicher Mann, der es zu Wohlstand gebracht hat. Denn er war »sehr reich an Vieh, Silber und Gold« (Gen 13,2) und zudem in Begleitung einer neuen Sklavin namens Hagar.

Die Dialektik vom Opfer der Herkunftsidentität und dem Erfolg am Ankunftsort, die alle Emigrationen und Auszüge kennzeichnet, wird in der Abraham-Geschichte nur wenig später noch apokalyptischer inszeniert. Dabei wird zunächst noch ein weiteres tragisches Paradox der Auswanderung vorgeführt. Lot begleitet seinen Onkel Abraham, weicht ihm nicht von der Seite, und in den Tagen der Dürre, Armut und Zufluchtnahme erscheinen sie wie Brüder und unterstützen einander. Doch als beide zu Besitz und Wohlstand gekommen sind, jeder von ihnen über Vieh, Gold, Silber und Sklaven verfügt, überwerfen und trennen sie sich. »Und das Land konnte es nicht ertragen, dass sie beieinander wohnten. Und es war immer Zank zwischen den Hirten von Abrams Vieh und den Hirten von Lots Vieh. [...] Da sprach Abram zu Lot: Lass doch nicht Zank sein zwischen mir und dir und zwischen meinen und deinen Hirten; denn wir sind Brüder. Steht dir nicht alles Land offen? Trenne dich doch von mir! Willst du zur Linken, so will ich zur Rechten, oder willst du zur Rechten, so will ich zur Linken.« (Gen 13,6–9)

So findet ihre ursprüngliche Brüderlichkeit ein Ende und Lot siedelt in die Jordansenke über, in das Königreich von Sodom und Gomorra. Und es ist nur eine Frage der Zeit, bis er von Gott für seine Ausschweifungen und sexuellen Verfehlungen gestraft werden wird: »Da ließ der HERR Schwefel und Feuer regnen vom Himmel herab auf Sodom und Gomorra und vernichtete die Städte und alle Einwohner der Städte und was auf dem Lande gewachsen war.« (Gen 19,24–25) Lot jedoch flüchtet sich mit seiner Frau und seinen beiden Töchtern vor dem Inferno ins Gebirge, wird unterwegs aber seine Frau verlieren: »Und Lots Weib sah hinter sich und ward zur Salzsäule.« (Gen 19,26) Schließlich sucht Lot, allen Besitzes und allen Reichtums beraubt, mit seinen Kindern in einer Höhle in den Bergen Zuflucht, wo ihn seine beiden Töchter mit Wein trunken machen und dann Inzest mit ihm vollziehen, um von ihm geschwängert zu werden und so den ultimativen Akt einer Umwertung aller zivilisatorischen Werte vollziehen.

Ein furchtbares, peinvolles Ende für einen Auswanderer. Ein Ende, das die meisten Emigranten auch heute noch fürchten, man frage nur muslimische Flüchtlinge, wo immer man ihnen begegnet: Ihre erste Sorge oder Befürchtung in der Fremde gilt immer den eigenen Töchtern, diese könnten eine neue Kultur annehmen, eine, die von jener des Heimatlandes abweicht. Am Ende stirbt Lot, doch wir wissen nicht, ob es seine Töchter sind, die ihn umbringen, oder aber der eigene Zorn, die ohnmächtige Empörung, als er wieder zu sich kommt und sich von den eigenen Töchtern vergewaltigt findet, die am Ende von ihm gezeugte Söhne gebären. »So wurden die beiden Töchter Lots schwanger von ihrem Vater. Und die ältere gebar einen Sohn, den nannte sie Moab. Von dem kommen her die Moabiter bis auf den heutigen Tag. Und die jüngere gebar auch einen Sohn, den nannte sie Ben-Ammi. Von dem kommen her die Ammoniter bis auf den heutigen Tag.« (Gen 19,36–38) Die eherne Ordnung der Generationenfolge ist zerbrochen.

Lot also findet ein tragisches Ende, während Abraham, als er die Rauchsäule über der Jordansenke, über Sodom und Gomorra aufsteigen sieht, beschließt, von Neuem weiterzuziehen. Aus Angst? Vor einer Naturkatastrophe fliehend? Diesmal »zog Abraham von dannen ins Südland und wohnte zwischen Kadesch und Schur und lebte nun als ein Fremdling zu Gerar«

(Gen 20,1). Der Koran wiederum schickt ihn zu »einem Tal, in dem kein Getreide wächst« (Mekka; siehe Sure 14 [Abraham], 37), doch nachdem Abraham dort die Kaaba erbaut hat, kehrt er zurück in »das gesegnete Land«. In der Bibelgeschichte, die Abraham in Gerar verortet, ereignet sich Erstaunliches: Schon gegenüber dem Pharao hatte Abraham behauptet, Sarai (die später zu Sara wird) sei lediglich seine Schwester. Diese Lüge wiederholt er nun gegenüber Abimelech, dem König von Gerar, worauf Sarai zur Sklavin des Königs wird. Doch als Abimelech durch einen Traum des Schwindels gewahr wird, rächt er sich mitnichten an Abraham, ganz im Gegenteil: Es »nahm Abimelech Schafe und Rinder, Knechte und Mägde und gab sie Abraham und gab ihm Sara, seine Frau, wieder.« (Gen 20,14) Von dem entsetzen König um eine Erklärung gebeten, wiederholt Abraham nur seine Befürchtungen, die ihn auch in Ägypten umgetrieben hatten: »Und als er nahe an Ägypten war, sprach er zu Sarai, seiner Frau: Siehe, ich weiß, dass du ein schönes Weib bist. Wenn dich nun die Ägypter sehen, so werden sie sagen: Das ist seine Frau, und werden mich umbringen und dich leben lassen. So sage doch, du seist meine Schwester, auf dass mir's wohlgehe um deinetwillen und ich am Leben bleibe um deinetwillen.« (Gen 12,11–13)

Wie schon gegenüber dem Pharao verzichtet Abraham, als es die Situation zu erfordern scheint, also auch gegenüber König Abimelech auf seine Frau (doch würde nicht mancher Emigrant, konfrontiert mit der Allmacht des Herrschers, auf Abstand zur eigenen Frau gehen?). Und ein weiteres Mal kommt Abraham als Ergebnis der Opferung der Frau zu Wohlstand und verkörpert damit vielleicht den Archetyp des Auswanderers, der gezwungen ist, alles zu tun, alle Identität aufs Spiel zu setzen, um in seiner neuen Heimat zu überleben (und sei es – prosaischer –, die eigene Frau oder die eigenen Töchter zu verkuppeln oder Zuflucht zu einer offiziellen, amtlichen Scheidung zu nehmen und gleichzeitig die religiös besiegelte Ehe fortzuführen, um so in den europäischen Exilstaaten in den Genuss von doppelten Zuwendungen und Sozialleistungen zu kommen). Doch Abimelech schickt Sara zurück, und in der Folge wird Sara Abraham einen Sohn gebären, obschon beide Eltern wahrlich nicht mehr die Jüngsten sind. Ist – nachdem schon die Sklavin Hagar aushelfen musste, einen Nachkommen zu gebären – nun doch die Tradition und die Fortführung der Sippe inmitten der ständigen Neuanfänge der Wanderschaft gesichert?

Vielleicht ist das der Fall. Doch wieso könnte es nicht sein, dass Sara von König Abimelech geschwängert worden ist? Warum muss sie ausgerechnet von

Abraham schwanger werden, und das, nachdem sie all die Jahre kein Kind von ihm empfangen hatte?

Um solchen Gefahren der ultimativen Identitätsverkehrung im neuen Umfeld entgegenzuwirken, hat sich früh die Sitte etabliert, den Sohn des Auswanderers mit einer Frau zu verheiraten, die aus dem Ursprungsland herbeigeschafft wird. Weshalb wir für einen Augenblick noch einmal zu Abraham zurückkehren: »Abraham war alt und hochbetagt, und der HERR hatte ihn gesegnet allenthalben. Und er sprach zu dem ältesten Knecht seines Hauses, der allen seinen Gütern vorstand: Lege deine Hand unter meine Hüfte und schwöre mir bei dem HERRN, dem Gott des Himmels und der Erde, dass du meinem Sohn keine Frau nehmest von den Töchtern der Kanaaniter, unter denen ich wohne, sondern dass du ziehest in mein Vaterland und zu meiner Verwandtschaft und nehmest meinem Sohn Isaak dort eine Frau.« (Gen 24,1–4) Der Knecht führte den Befehl seines Herrn Abraham aus und »zog nach Mesopotamien, zu der Stadt Nahors«. (Gen 24,10) Und tatsächlich findet der Gesandte am Ende Rebekka, die Tochter Bethuëls, der ein Sohn Nahors ist; Rebekka mithin, die Schwester Labans, ist eine direkte Cousine Isaaks. Eine solche Verwandtenheirat ist in den Städten der »orientalischen« Hemisphäre nach wie vor weitverbreitete Praxis. Haben nicht die Auswanderer der ersten Generation genau diese Tradition befolgt, die erste Generation von Türken in Deutschland etwa? Haben sie ihren Söhnen nicht Bräute aus den Dörfern Anatoliens besorgt? Und vermittelt dieses Beispiel nicht einiges an Distanziertheit, ja Ablehnung gegenüber jenen Menschen, in deren Mitte der Ausgewanderte lebt? Ist es nicht Beispiel für ein vorsätzliches Beharren, eine kulturelle Befruchtung abzulehnen? Wollten wir uns der gegenwärtigen Sprachregelung bemüßigen, müssten wir sagen, dass wir es hier mit einem schlagenden Beispiel für Integrationsverweigerung zu tun haben. Denn die gemeinsame fremde Herkunft beider Elternteile verbindet die Kinder, egal ob diese das wollen oder nicht, besonders stark mit der Heimat der Eltern und nicht mit ihrem momentanen Aufenthaltsort.

Und vor allem vollzieht sich an ihnen und ihren Kindern (den Enkeln Abrahams) abermals dieselbe Geschichte von Flucht und Bewegung, Auswanderung und Zirkulation, Aufbruch und Rückkehr, als hätte Abraham mit seiner Wanderschaft den Grundstein gelegt für ein universelles menschliches Schicksal. Einige seine Nachkommen versuchen, sich davon zu befreien, während andere (die überwiegende Mehrheit) sich seiner Macht beugen, auch wenn sie überzeugt sind, neue Wege zu beschreiten.

Auch der Sohn von Isaak und Rebekka, Jakob, teilt das Schicksal der Auswanderung: Um dem Zorn seines älteren Bruders Esau zu entgehen, der sich um sein Erbteil gebracht sieht, beschließt Jakob, das Land Kanaan zu verlassen. Rebekka, die von Esaus Vorhaben, seinen Bruder zu töten, erfährt, drängt Jakob zur Flucht. Und wohin? Sie schlägt ihm vor, zu ihrem Bruder Laban nach Haran zu ziehen. Die Bibel lässt uns zwar nichts über eine zuvor stattgefundene Auswanderung Labans aus Mesopotamien wissen, doch wir können uns dies sehr wohl vorstellen, da sich der Fluch der Auswanderung für die Bewohner des Zweistromlands immer wieder aufs Neue reproduziert; stets gegen den Lauf des Euphrats gen Norden, nach Haran. Diesmal indes erfolgt die Auswanderung aus dem südwestlich gelegenen Lande Kanaan, genauer gesagt aus Beerseba (Beer Sheva): »Aber Jakob zog aus von Beerseba und machte sich auf den Weg nach Haran.« (Gen 28,10)

Haran, immer wieder Haran, als gäbe es keinen anderen sicheren Zufluchtsort als diesen, als sei die Stadt der Punkt, auf den sich die Menschen unausgesprochen als Asylstätte geeinigt hätten, als Exil, das Mekka aller Flüchtlinge. Unwesentlich aus welchem Grund ihre Auswanderung erfolgt, ob sie vor einer kriegerischen Auseinandersetzung, einer Naturkatastrophe oder einer Hungersnot fliehen, oder ob sie auf der Flucht sind vor der Blutrache. Und selbst wenn jemand aus der Stadt fortgezogen war, wie im Falle Abrahams, so würden seine Nachfahren dennoch dorthin zurückkehren, als ließe sie die Menschen nicht aus ihrem Bann und zöge sie noch über Generationen zu sich. Ganz so, als wäre die Auswanderung des Patriarchen Abraham der Auftakt für alle später erfolgenden Auswanderungen, gleichgültig ob in Richtung Norden, nach Urfa oder Edessa, durch die griechischen Ortschaften bis auf den Balkan, oder im Gegenteil in südliche Richtung, vom Balkan kommend (wie wir am Feldzug Alexander des Großen sehen werden), ebenfalls durch die Landstriche der Griechen und über Haran und von dort weiter in südlicher Richtung bis nach Babylon – um schließlich ein Punkt auf jenem Weg zu werden, der viel später als die Balkanroute bezeichnet werden sollte.

Abraham, der zusammen mit nur einer Ehefrau und einem Neffen emigrierte, begründete eine Tradition, die bis auf den heutigen Tag Bestand hat. Seine Söhne und Enkel, die Kinder seiner Kindeskinder und alle seine Nachfahren folgen immer wieder aufs Neue demselben Handlungsmuster von Bewegung und Flucht, von Auswanderung und Repatriierung.

Doch diesmal werden sie nicht dort innehalten, wo ihr Erzvater Abraham haltmachte. Sie werden

den Weg fortsetzen, den er nicht in Angriff nahm, gen Norden, immer weiter gen Norden, weiter auf der Balkanroute. Doch man könnte meinen, sie brechen auf in der Gewissheit, dass Ur – unwesentlich, welches Ur auch immer – gestorben ist, nachdem die Menschen es zerstört haben, durch alles Wüten und Böse, dessen sie fähig sind, mit allem, was Bruderhass, Hass der Geschlechter und Kollektive an Abneigung und Feindschaft nur hervorzubringen vermögen.

Und sie kamen aus dem Süden ...
Babylon, Hellas und Persien

Die Auswanderung Abrahams mit dem kleinen Rest
seiner Familie deutet, wenn sie denn tatsächlich auf
irgendetwas hindeutet, auf eine Katastrophe, welche
die Länder der Sumerer getroffen haben muss. Wenn
wir dem altsumerischen Text folgen, der über jene
Heimsuchung spricht, welche die sumerischen Städte,
insbesondere die Hauptstadt Ur, ereilte, erscheint es
dann plausibel, dass es nur einer Handvoll Personen
gelungen sein soll, dem Blutbad zu entrinnen und sich
in ein anderes Land zu flüchten? Doch es ist dies nicht
das erste Mal, dass uns eine Szenerie dieser Art in der
Thora und im Alten Testament begegnet: In sämtli-
chen Erzählungen über die Propheten und das, was
sich in ihren Städten und Dörfern ereignet, entrinnt
niemand außer ihnen seinem Schicksal. Im Koran haben diese Geschichten von Flucht und Migration einen breiteren und deutlicheren narrativen Vorspann:
Eine Katastrophe ereignet sich nicht ohne vorherige
Warnung des Propheten an sein Volk, ohne eine Warnung, die ihm von Allah eingegeben wird. Denn dies
ist die Lektion, die der Koran uns erteilt, seine Pre-
digt, wenn man so will: entweder die Beherzigung von

Gottes Geboten oder das Verderben. Die Geschichte Noahs oder später die Lots sind Muster solcher Parabeln, deren Ausgang vergleichbar ist, auch wenn sie sich in der Bibel und im Koran in Einzelheiten unterscheiden mögen.

Parallel zur Auswanderung Abrahams, seiner Familie und gewiss einer großen Gruppe von Sumerern in Richtung Norden, in Richtung Haran, setzte eine andere Migrationsbewegung in Richtung Südosten zur Ägäis ein, und zwar durch Stämme, die später die Bezeichnung Mykener erhalten sollten, obgleich sie für die Araber und alle anderen Anrainer des Mittelmeers stets als »Griechen« gegolten haben. Die Mykener vermischten sich im Ägäisraum mit der ortsansässigen Bevölkerung und gründeten Stadtstaaten, die sich später zu einem gemeinsamen Bündnis zusammenschlossen. In etwa der gleichen Zeit gründete sich im Süden auf den Hinterlassenschaften der sumerischen Kultur eine neue Zivilisation, die als babylonische bezeichnet werden sollte.

Die Babylonier

Es besteht unter Historikern Konsens darüber, dass die babylonische Kultur eine der maßgeblichen, einflussreichsten antiken Hochkulturen gewesen ist. Eine Kultur, die epochale Leistungen gleichermaßen auf dem Gebiet der Infrastruktur (insbesondere der Bewässerungssysteme), der Astronomie und Mathematik, der Medizin und Musik hervorgebracht hat. Das Babylonische, das unter der Regentschaft König Hammurabis zu voller Reife und Ausformung gelangte, beherrschte die Welt des antiken Orients und sollte annähernd tausend Jahre die Sprache politischer und wirtschaftlicher Dokumente der gesamten Region bleiben, bis es vom Aramäischen, einer verwandten Sprache, in dieser Funktion abgelöst wurde.

Als König Hammurabi die Herrschaft übernahm, litt das Land unter den fortgesetzten Konflikten verschiedener Kräfte um die Macht. Nachdem er den Thron bestiegen hatte, begann er eine Reihe von Kriegen und unterwarf zunächst die Städte, die in unmittelbarer Nachbarschaft zu Babylon gelegen waren, fügte sie seinem Herrschaftsbereich ein und gewann ohne große Mühe die Parteinahme der amurritischen Bevölkerung, welche die Mehrheit der Einwohner dieser Städte ausmachte. Danach machte sich Hammurabi daran, die sumerischen Städte im irakischen Zentralland und im Osten einzunehmen, sie zu befestigen und ihre Verwaltung neu zu organisieren. Die von dem König initiierten inneren Reformen gewannen ihm die Herzen der Menschen. Er formte ein starkes Heer, das ihm ermöglichte, nach mehreren blutigen

Abnutzungskriegen die Stadtstaaten im Süden wie im Norden unter seine Herrschaft zu zwingen und so den Großteil Mesopotamiens zu vereinen. Mit der Eroberung der Städte Syriens und der libanesischen Küstenebene schließlich war jenes Staatsgebilde vollständig, das als Altbabylonisches Reich oder erste Dynastie von Babylon in die Geschichte eingehen sollte. Hammurabi erklärte den Stadtgott Babylons, Marduk, zur Gottheit des gesamten Reiches und sicherte so die ideelle Hegemonie ab. Die größte Errungenschaft indes, welche die Historie Hammurabi zuschreibt, ist der Codex Hammurabi, die nach ihm benannte Gesetzessammlung, niedergelegt in Keilschrift auf einer Dioritstele, die sich heute im Museum des Louvre in Paris befindet.

Circa 1595 v. Chr. fiel der hethitische Großkönig Muršili I. in Babylon ein, um es zu plündern. Damit war der ersten Dynastie nach Jahrzehnten erfolgreicher Außenpolitik ein Ende bereitet. War Babylon zuvor ein stetiger Expansionspol, folgte nun eine Ära der Unterwerfung durch Invasion. Eine markante Episode war die Eroberung der Stadt durch die Assyrer im Jahre 1240 v. Chr., während der die Marduk-Statue aus dem Tempel geraubt wurde. Schließlich gelang es König Nebukadnezar I. (1126–1104 v. Chr.), das Heiligtum zurückzuerlangen, Babylon von der assyrischen Herrschaft zu befreien und wieder zu stärken.

Doch auch im folgenden Jahrtausend wurde die Stadt immer wieder Opfer von Kriegen und Zerstörung, bis sie sich im Jahre 648 v. Chr., nach zweijähriger Belagerung, dem Assyrerkönig Assurbanipal (aus dessen Bibliothek die umfassendste bekannte Fassung des Gilgamesch-Epos stammt) ergeben sollte. Es folgte nun eine Zeit relativer Stabilität, in der es Babylon schließlich gelingen sollte, sich von der assyrischen Herrschaft freizumachen, gar seinerseits 612 v. Chr. die assyrische Hauptstadt Ninive zu erobern und seine alte Größe und Pracht wiederzuerlangen. Dies geschah vor allem nach der Thronbesteigung von König Nebukadnezar II. (605–562 v. Chr.), der unter anderem durch den legendären Bau der Hängenden Gärten zu unsterblichem Ruhm gelangte. In der Zeit seiner Regentschaft dehnte sich das Neubabylonische Reich stark aus, beherrschte am Ende das syrische Territorium bis Haran im Norden und bis zum Mittelmeer im Westen, ja reichte sogar bis nach Ägypten. Im Jahre 586 v. Chr. eroberte Nebukadnezar II. Jerusalem, ließ den salomonischen Tempel zerstören und setzte die versklavten jüdischen Kriegsgefangenen zum Bau des der Gottheit Marduk geweihten Zikkurats Etemenanki, besser bekannt als Turm von Babel, ein. Mit der Einnahme Babylons durch den achämenidischen (altpersischen) König Kyros II. im Jahre 539 v. Chr. endeten das Neubabylonische Reich und die politische

Unabhängigkeit Babylons, das fortan zu einer Provinz des Perserreiches wurde.

Im Jahre 330 v. Chr. wurde Babylon von Alexander dem Großen nach dem Sieg bei Gaugamela erobert und später zu einem Operationszentrum seines Reiches gemacht. In Babylon sollte er im Jahre 323 v. Chr. auch sterben, nicht von ungefähr wird Mesopotamien in den Geschichtsbüchern immer wieder auch als Friedhof der Eroberer bezeichnet.

Die Hellenen oder alten Griechen

Während sich die Sumerer in Richtung Norden wandten und dem Ursprung des Euphrats zustrebten, wanderten die alten Griechen in großen Wellen gen Osten, wie unter anderem die archäologischen Funde in Milet belegen. Milet war vor dem Zuzug der Griechen von den Karern bewohnt. Die Keramiken und Tonscherben, die der deutsche Archäologe Theodor Wiegand vor Ort fand, belegen, dass die Stadt gegen Ende des mykenischen Zeitalters Kontakte zu den Poleis der Ägäis unterhalten haben muss.

Es waren drei altgriechische Stämme, aus denen sich diese große menschliche Flutwelle zusammensetzte, die Aioler, ursprünglich in Nordgriechenland beheimatet, die Ionier aus Mittelgriechenland und die Dorer aus dem Süden. Und alle drei standen gleichermaßen hinter diesem ersten Knospen griechischer Kultur. Die Aioler brachten die Lyrikerin Sappho hervor, die Ionier den epischen Dichter Homer und die Naturphilosophen Thales, Anaximander und Anaximines, während die Dorer den Begründer der Geografie und der Geschichtsschreibung Herodot vorzuweisen hatten. (Beinahe könnte man meinen, die drei Volksgruppen hätten sich gegenseitig zu ergänzen gesucht, um die Errungenschaften der anderen zu komplettieren: Dichtung, Philosophie und Geschichtsschreibung.)

Jener um 480 v. Chr. in Halikarnassos (südlich von Milet) geborene Herodot berichtet in seinen *Historien* von der Zuwanderung dieser Völker, die faktisch gesehen eher einer Eroberung gleichkam. Nachdem es nun den Ioniern gelungen war, sich innerhalb kurzer Zeit in ihrem neuen Ansiedlungsgebiet festzusetzen, beschlossen sie die Bildung eines gemeinsamen Bündnisses ihrer Kolonien. Dieses umfasste neben zwei Städten auf den Inseln Samos und Chios noch zehn weitere Kommunen, die an der Westküste Kleinasiens gelegen waren: Phokaia, Klazomenai, Erythrai, Teos, Lebedos, Kolophon, Ephesos, Priene, Myus und schließlich Milet.

Nicht nur aufgrund ihres günstigen Klimas, sondern vor allem wegen ihrer geografischen Lage sollte die Stadt Milet eine wichtige Rolle spielen, sowohl beim Austausch zwischen den im südlichen Kleinasien angesiedelten und den weiter nördlich gelegenen Kulturen als auch als Scharnier zum anderen, auf der gegenüberliegenden Seite der Ägäis gelegenen europäischen Festland in Richtung Athen.

Seine vorteilhafte Lage auf einer fruchtbaren Landzunge nahe der Mündung des Flusses Mäander diente Milet zudem als natürlicher Ausgangspunkt für den Handel mit dem südlichen Phrygien. Eine Stadt, die alle diese Vorzüge genoss – Standort, Klima und blühende Natur- und Geisteswissenschaften –, musste zwangsläufig aus den anderen Poleis herausragen. So war es nur eine Frage der Zeit, bis es den Bewohnern von Milet im 8. Jahrhundert v. Chr. gelang, erste eigene Kolonien entlang der Schwarzmeerküste zu gründen. Die erfolgreiche Ausbreitung dort ermutigte die Stadt auch in den darauffolgenden Jahrhunderten, eine expansive Siedlungspolitik zu verfolgen, die zur Gründung gut dreißig weiterer Städte am Schwarzen Meer und den Wasserstraßen zum Marmarameer führte. Womit der Einflussbereich Milets jener mit der von allen Stadtstaaten der »archaischen« Welt größten Reichweite werden sollte. Den historischen Forschungen zufolge besaß Milet insgesamt vier Häfen, von denen einer die Form eines großen Sterns hatte. Die Ausstrahlung der Stadt reichte entlang des Mäandertals ins Landesinnere und der Küste folgend bis weit in den Süden, wo die Gründung der Stadt Iasos erfolgte. Ja, die Handelsaktivitäten Milets erstreckten sich sogar bis nach Ägypten, wo im heutigen westlichen Nildelta die Kolonie Naukratis gegründet wurde. Bei seinen Ausgrabungen konnte Theodor Wiegand zwar nur wenige Ton- und Keramikgegenstände aus Naukratis auf dem Terrain des antiken Milet und im Athenatempel finden, möglicherweise ist dies jedoch dadurch zu erklären, dass der Schwarzmeerhandel die wichtigere Einnahmequelle für den Wohlstand der ionischen Städte darstellte. Milet richtete den Blick vor allem nach Norden und vermochte für geraume Zeit beinahe so etwas wie ein Handelsmonopol über den gesamten Ägäisraum zu behaupten. An den Gestaden des Hellespont, den Dardanellen, und der Propontis, dem Marmarameer, sowie am Schwarzen Meer wurden noch einmal zig Städte gegründet, unter ihnen Abydos, Kyzikos und Sinope, Dioskarias und Pantikapaion auf der Halbinsel Krim sowie Olbia an der Mündung des Bug. Alle diese Städte entstanden vor der Mitte des 7. Jahrhunderts v. Chr. und damit vor der Abfassung eines Großteils der Thora.

Durch ihre Expansionspolitik und ihre Handelsaktivitäten kamen die Milesier in Kontakt mit den Kulturen des Nahen Ostens, die zum damaligen Zeitpunkt in voller Blüte standen, so etwa mit dem Kulturraum der Ägypter, aus dem sie nicht nur mit Waren beladen zurückkehrten, sondern auch mit Ideen. Nicht von ungefähr schreibt Herodot: »Die Ägypter hatten zuerst von allen Völkern das Jahr erfunden und es in seine zwölf Zeiten geteilt, und sie sagten, das hätten sie aus den Sternen erfunden.« Dabei macht er, Bezug nehmend auf den ägyptischen Kalender, der ohne Schaltmonate auskommt und dennoch »in seinem Jahreszeitenkreis immer denselben Ablauf« hat, aus seiner Bewunderung für die Ägypter keinen Hehl: »Das rechnen sie, nach meinem Urteil, um so viel klüger als die Hellenen«. Und so wie ihre Handelsrouten die Milesier zum einen nach Ägypten und in den Norden zum Schwarzen Meer führten, lenkten sie sie auch noch weiter südwärts, nach Mesopotamien und zur Kultur der Babylonier. Denn alles deutet darauf hin, dass sie von dort ihr Wissen in Astronomie erlangten, das sie so dringend für die Seefahrt und die Zeitberechnung benötigten. So importierten sie aus dem Zweistromland zum Beispiel den Gnomon, den Schattenzeiger der Sonnenuhr, der ihnen die für die Nautik essenzielle Berechnung des Tangens erleichterte. Oder wie Herodot schreibt: »Die Poluhr, der Stundenweiser und die zwölf Abteilungen des Tages wurden den Hellenen durch die Babylonier bekannt.« Der Gnomon diente mit seinem Schattenwurf dazu, die Tageszeit zu bestimmen, den genauen Zeitpunkt von Sonnenaufgang und Sonnenuntergang vorherzusagen und Sonnenwende und Jahreszeiten zu datieren, gar nicht zu reden von geografischen Berechnungen wie die des Breitengrades eines Ortes oder der Nordrichtung.

Neben dem Gnomon profitierten die Griechen auch von den astronomischen Entdeckungen und Kenntnissen der Babylonier. Symbolisch dafür steht, dass die Hellenen ihr Wort für Stern, Astra, von der babylonischen Planetengöttin Ištar, Göttin des Krieges, der Fruchtbarkeit und sexuellen Begierde, übernahmen. Und so wie die Babylonier dem uns heute als Venus bekannten Planeten höchste Verehrung zuteilwerden ließen, weil sie ihn mit Ištar verbanden, richteten die Hellenen an das Gestirn die leidenschaftlichsten Oden, war es für sie doch Repräsentanz der edlen Liebesgöttin Aphrodite.

Ist es möglich, eine Auswanderung unter bestimmten Bedingungen als nutzbringend und befruchtend zu betrachten? Im Falle der Migration der altgriechischen Stämme, insbesondere der Ionier, muss diese Frage zweifelsohne bejaht werden. Denn unabhängig davon, ob ihr Drang nach wirtschaftlichem Wohlstand, der Wunsch nach politischer Stabilität, die mit einem neuen Lebensumfeld notwendige Aneignung neuen Wissens oder der bloße Reiz des Neuen die treibende Kraft hinter dem Bestreben gewesen sein mag, von anderen Kulturen zu profitieren und diese zu adaptieren – auf jeden Fall ließen Migration und kulturelle Offenheit die Ionier im Laufe der Zeit diejenigen, die ihnen vorangegangen waren, in geistig-intellektueller Hinsicht übertreffen, insbesondere in Milet. Und nicht von ungefähr sollte die Stadt im 6. Jahrhundert v. Chr. drei der wichtigsten Naturphilosophen hervorbringen, Galionsfiguren der griechischen Hochkultur, die bis heute strahlt: die Geistesgrößen Thales, Anaximander und Anaximenes.

Die Liste der großen Denker, die in Milet oder in anderen ionischen Städten lebten, ist lang; Hekataios etwa ließe sich nennen, der antike Historiograf, Hippodamos, den Aristoteles in seiner *Politik* als ersten Staats*theoretiker* apostrophierte, und nicht zuletzt Anaxagoras, der nach Athen auswanderte, zu dessen Schülern der Staatsmann Perikles und auch der große Dramatiker Euripides zählten und bei dem wir einen Augenblick verweilen sollten, da mit ihm ein neues Phänomen in die Geschichte tritt. Ich meine die Verbannung des Intellektuellen, die erzwungene Auswanderung eines Denkers wegen seiner Ansichten. Von Anaxagoras wurde nicht nur kolportiert, er behaupte, die Sonne sei ein feurig glühender Stein und der Mond leuchte nicht von sich aus, sondern auch dass beide Gestirne – entgegen der unter den Griechen vorherrschenden Ansicht – keine Gottheiten darstellten. Nachdem man ihn ins Gefängnis geworfen hatte, begab sich Anaxagoras nach Lampsakos in Mysien am Hellespont in die Verbannung, eine Bewegung und Flucht von neuer, bis dahin nicht dagewesener Art. Dieser Entschluss unterschied ihn von Sokrates, dem sich auch die Möglichkeit bot, ins Exil zu fliehen, der dies aber ablehnte und beschloss zu bleiben, um sich Gerichtsverfahren, Gefängnis und schließlich der Hinrichtung durch den aufgezwungenen Schierlingsbecher zu stellen. Doch bei aller Tragik sollte auch die Migration des Anaxagoras nicht ohne positive Folgen bleiben. Zurück in Ionien gründete er eine eigene Schule, die er bis zu seinem Tode um 428 v. Chr. leitete. Nach seinem Ableben errichteten ihm die Bewohner von Lampsakos auf ihrer Agora in der Mitte der Stadt ein Denkmal, das sie dem Geist und der Wahrheit widmeten, welche im Zentrum seiner Philosophie standen.

Es ist wohl kein Zufall, dass die milesische Dynamik von Handel, Expansion, Migration und kulturellem Austausch auch in den Anschauungsarten der ionischen Philosophie ihren Niederschlag gefunden hat. Vielen ihrer Gedanken haftet etwas Fluides, Bewegliches an, seien dies die zirkulierenden Urstoffe, sich formierende Atome oder umherschwirrende Samen. Es wirkt, als habe der Reichtum der menschlichen Zirkulation diese Geburtsstätte des rationalen Denkens in allen Facetten geprägt. Und formulierte nicht der hier bislang unerwähnt gebliebene ionische Denker Heraklit das für die folgenden Jahrtausende gültige Motto der Balkanroute: »Alles fließt«?

Schon die Migration Anaxagoras' nach Athen kündigte jedoch bereits an, dass Athen Ionien als Zentrum der Naturphilosophie abzulösen begann. In der Folgezeit spielte Milet keine bedeutende Rolle mehr in der Region. Das sollte sich erst wieder in griechisch-römischer Zeit ändern, in der die Stadt erneut eine wichtige Drehscheibe für den Handel wurde und durch Kaiser Trajan besondere Beachtung erfuhr. Doch ihre Häfen, die durch die Insel Lade und die anderen vorgelagerten Inseln geschützt wurden, verschlammten durch die Sedimente des Flusses Mäander zusehends. Sukzessive nahm schließlich Ephesos die Stellung Milets als größte Hafenstadt der griechisch-römischen Epoche ein. In byzantinischer Zeit konnte Milet als Bischofssitz noch einmal etwas überregionale Strahlkraft entfalten, doch langfristig war der Niedergang der Stadt endgültig. Heute ist ihr ursprünglicher Standort ein weitläufiges Moor- und Sumpfgebiet.

Dennoch ist eines sicher: Man kann unmöglich von dem kulturellen Austausch sprechen, der sich auf der Balkanroute seinerzeit vollzog, ohne Milet dabei zu würdigen. Denn die Stadt hat sich ihren Platz in der

Geschichte ebenso erworben wie zuvor Babylon und Haran und später Konstantinopel. Ihre Erben sollten die ionische Philosophie aufs griechische Festland und nach Athen tragen. Es war dies die erste Etappe der Reise, die einen Wissens- und Theorientransfer vom Orient ins Abendland, vom Süden in den Norden bedeutete, und ihre Protagonisten waren wie Zugvögel, die schließlich ihren Flug vollendeten, lange nachdem von Milet und den anderen ionischen Städten nur noch Ruinen übrig waren.

Die Perser

Das Ende der großen ionischen Epoche wurde Mitte des 6. Jahrhunderts v. Chr. mit der Invasion der Perser besiegelt. Es begannen die »Perserkriege«, in denen die persische Achämeniden-Dynastie den Versuch unternahm, die griechischen Stadtstaaten gewaltsam ihrem Reich anzugliedern, was zu einer fast ein halbes Jahrhundert währenden Abfolge kriegerischer Auseinandersetzungen führte. Während Babylon dem König der Perser, Kyros II. dem Großen (560–529 v. Chr.), ohne nennenswerten Widerstand in die Hände gefallen war, mussten die Perser einiges auf sich nehmen, um die vom Drang nach Unabhängigkeit beseelten Bewohner Ioniens zu unterwerfen. Im Unterschied zu den Babyloniern, die ihr Reich nach Westen auszudehnen bestrebt waren und ihre Expansionskriege in diese Richtung betrieben, woraus unter anderem die Zerstörung Jerusalems und die Versklavung Abertausender Juden in der Zeit Nebukadnezars II. resultierten, beließen es die Perser nicht bei einer Ausdehnung in Richtung Südwesten, nach Babylon und Palästina, sondern erweiterten ihr Reich auch gen Nordwesten.

Nun war es in der abendländischen Tradition lange Brauch, die kriegerischen Konflikte der Griechen mit den Persern als allseits nutzbare Vorlage eines Abwehrkampfes des aufgeklärten Westens gegen die dumpfe Despotie des Orients zu deuten. Allerdings vertreten Historiker verschiedener Herkunft, auch aus Ländern, die in jenem Zeitraum unter der Vorherrschaft des persischen Reiches standen, die Meinung, dass die persische Herrschaft nicht nur für ihre Toleranz und ihre offene Sichtweise auf andere Religionen gerühmt wurde, sondern bescheinigten ihr auch, den besetzten Territorien eine recht große Autonomie und Eigenverwaltung zugestanden zu haben. Eine Vorgehensweise, die es dem Perserreich nicht immer leicht machte, die von ihm beherrschten Völker zu kontrollieren. Dennoch sollte dieses seinerzeit größte Imperium der Welt über mehrere Generationen genau diese Politik beherzigen, die allgemein als das probateste Mittel betrachtet wurde, den Zusammenhalt und die Einheit unter den Völkern und unterschiedlichen Lebensformen des heterogenen Großreiches zu stärken.

Die Regierungszeit von Kyros dem Großen zeichnete sich durch eine Migration aus, die sich von Flucht und Vertreibung, welche spätere Epochen prägten, unterschied. Bewegung und Flucht sind stets gleichbedeutend mit Kriegen, Auswanderungen, Hunger und Tod, während nicht-erzwungene Migration und Bewegung zu einer Vermischung der Völker führt, zu friedlichem Austausch und gegenseitiger Durchdringung, an deren Ende wechselseitiges Verständnis stehen kann. Stimmen die historischen Eckdaten, so währte das Perserreich mehrere Jahrhunderte. Und was sich in diesem Zeitraum an kultureller Vermischung vollzog, übertrifft alles, was wir in Bezug auf kulturelle Befruchtung und Verschmelzung über vorangegangene und nachfolgende Epochen sagen können. Es ist daher keine Übertreibung, wenn manche behaupten, dass alle, die in jenem Zeitraum geboren wurden, Sprösslinge und Träger dieser einzigartigen Kultur waren, die unterschiedlichste Völker und Nationen, Religionen, Glaubensvorstellungen und Ethnien in ihrem Schmelztiegel eins werden ließ – einem Schmelztiegel von Werten, Traditionen und Sitten. Alexander III., bekannt auch als Alexander der Große oder Alexander der Makedonier, ist das beste Beispiel hierfür. Denn er ist einer der Nachkommen dieser Epoche und lebte in ihrer Erinnerung und mit dem, was die Menschen und Historiker von Kyros II. überlieferten – weshalb er beinahe zwangsläufig versuchen sollte, es diesem nachzutun und auf seinem Weg zu gehen. Wie Kyros II. wurde auch Alexander der Große schon in sehr jungen Jahren König und hatte im Alter von dreißig Jahren bereits eines der größten Imperien der antiken Welt begründet, ein Reich, das von den Gestaden der Ägäis bis zum Himalaya und nach Kandahar im heutigen Afghanistan reichte. So ist es auch nicht verwunderlich, dass sich Alexander der Große der Überlieferung nach in Anlehnung an Kyros II. als »der mit den zwei Hörnern« bezeichnete – oder aber diesen Titel verliehen bekam.

Ilias und Odyssee, Gilgamesch und Bibel –
Die Verwurzelung im anderen

Es wirkt wie ein Paradoxon, dass die Schriftzeugnisse, die so etwas wie die Texte aller Texte sind, Urtexte und eherne Grundlage für alles, was im Anschluss an literarischen Bewegungen, an Geschichten, Erzählungen und Sagen entstehen sollte, dass diese Werke also der schlagende Beweis für die gegenseitige Befruchtung und Verflechtung von Kulturen auf dem Wege der Migration sind. Ich spreche von der *Ilias,* der *Odyssee,* dem Gilgamesch-Epos und der Thora. Die beiden Erstgenannten, die in gewissem Sinne die letztgenannten zwei komplettieren, werden gemeinhin dem blinden Dichter Homer zugeschrieben, wobei jedoch nicht einmal sicher ist, ob er überhaupt existierte oder ob die Autorschaft tatsächlich einer anderen oder mehreren anderen Personen zugeschrieben werden muss. Für gewöhnlich datiert man die Niederschrift der Werke etwa auf die zweite Hälfte des 8. Jahrhunderts, teilweise auch auf die erste Hälfte des 7. Jahrhunderts v. Chr.

Und genauso wie man nicht über die antike griechische Kultur sprechen kann, ohne diese beiden Epen zu erwähnen, lassen sich die letztgenannten beiden Werke, deren Verfasser gleichermaßen unbekannt sind, nicht ignorieren, wenn man sich mit der babylonischen Kultur zu beschäftigen anschickt oder wenn über die jüdisch-christliche Kultur gesprochen wird. Ein näherer Blick auf diese Ausnahmewerke, die Zeiten und Kontinente überschritten haben, wird uns den Grad der Intertextualität der in ihnen erzählten Geschichten vor Augen führen, und auch ihre Ähnlichkeit, wobei zu untersuchen sein wird, ob dies mit dem Inhalt der Narrative zusammenhängt oder mit den Umständen ihrer Entstehung, insbesondere mit allem, was ihre Behandlung des Themas Wanderschaft und Migration angeht.

In der *Odyssee,* die beginnt, wo die *Ilias* endet, wird von der Rückkehr eines Helden des trojanischen Kriegs, Odysseus, erzählt. Nach zehnjähriger Irrfahrt kehrt er, nachdem er die Ägäis überquert hat, auf seine Heimatinsel Ithaka zurück. In der Thora hingegen ist es, wie wir gesehen haben, Abraham, der das Sumererland verlässt und sich – wie seine Nachfahren auch – auf Wanderschaft begibt. Doch beiden Werken, der *Odyssee* wie der Thora, ging in der Behandlung des Auswanderungsthemas das Gilgamesch-Epos voraus.

Das Epos berichtet von der Wanderschaft eines »starken Mannes«, eine Bezeichnung, mit der auch der sumerische Auswanderer aus Ur charakterisiert wurde. Der Babylonier trägt jedoch den Namen des

Königs Gilgamesch, welcher sich auf eine lange Reise begibt, um nach Ewigkeit und Unsterblichkeit zu suchen. Die Lektüre dieses Epos also führt uns nicht zuletzt vor Augen, dass das Thema der Auswanderung, des Fortzugs von einem Ort, ein sehr altes ist, und dass es schon lange in der Welt war, bevor es in den drei anderen kanonischen Texten auf Pergament und Papyrus gebannt wurde. Bis auf den heutigen Tag gehört das 1853 gefundene Gilgamesch-Epos zu den ältesten literarischen Texten in der Geschichte des menschlichen Schrifttums. Die erhaltenen elf Tontafeln des sogenannten Zwölftafelepos wurden bei archäologischen Grabungen im Nordwestpalast von Ninive eher zufällig gefunden, an einem Ort, der später als die Bibliothek des assyrischen Königs Assurbanipal identifiziert werden konnte.

Auch wenn der Text des Gilgamesch-Epos das Thema der Auswanderung und Wanderschaft aus einer universellen Perspektive behandelt, so steht dieses doch in Verbindung mit dem individuellen Schicksal einer einzelnen Person: Verzweifelt über den Tod seines Freundes Enkidu verlässt König Gilgamesch seine Stadt Uruk und zieht in die Wildnis der Steppe. Er legt seine prachtvollen Gewänder ab und kleidet sich in Tierhäute, und er begibt sich auf eine lange Wanderschaft, um in der Fremde das Geheimnis des Lebens und der Unsterblichkeit zu finden. Dreht sich das Thema der Auswanderung und der Wanderschaft in der Erzählung der Thora und den beiden altgriechischen Texten der *Ilias* und der *Odyssee* um Kriege und Verdrängung von Stämmen und Volksgemeinschaften, so geht es dem Epos um das Streben nach Entwicklung. Doch ungeachtet des augenfälligen Unterschieds zwischen den Gründen und Ursachen der Auswanderung gibt es etwas, das alle verbindet, der Kampf nämlich zwischen zwei Lebensformen, zwischen dem Alten und dem Neuen, wodurch das Phänomen der Bewegung und der Flucht als ein ewiges akzentuiert wird.

Das zentrale Thema des Gilgamesch-Epos mag zweifelsohne die Suche nach Unsterblichkeit, nach Ewigkeit sein, doch die unvergängliche Freundschaft, die Gilgamesch und Enkidu vereint, kommt erst nach einem Kräftemessen zwischen beiden zustande. Zu Beginn des Epos erfahren wir, dass Gilgamesch durch seine Mutter Ninsu, eine Traumdeuterin und unsterbliche Göttin, zu zwei Dritteln selbst Gott, zu einem Drittel aber Mensch ist. Dieses menschliche Drittel lässt ihn zum einen erkennen, dass er sterblich und nicht ewig ist. Zum anderen beschreibt ihn das Epos als despotischen, von seinen Untertanen abgelehnten König, der unter anderem sein Volk zum Bau einer gewaltigen Mauer um Uruk in den Frondienst zwingt. Die Menschen beklagen sich bei der Göttin Ištar und

flehen sie an, sie von der Despotie des Königs zu er-
lösen. Ištar erhört ihre Bitten und weist die Mutter-
göttin Uruka an, aus Lehm einen Menschen zu formen,
Enkidu, dessen dichtes Haar seinen Körper bedeckt,
der in der Wildnis lebt, sich von Gräsern ernährt und
gemeinsam mit den Tieren zur Tränke geht. (Ja, beinahe so etwas, wie eine frühe Version der Tarzanfi-
gur!) Diese Schöpfung stellt mithin das genaue Gegenteil der Persönlichkeit Gilgameschs dar. Der Hinweis
ist überdeutlich: Wir werden Zeuge eines Kampfes
zwischen der Stadt und dem städtischen Leben, verkörpert in der Person des Königs Gilgamesch, an das
sich die Sumerer allmählich zu gewöhnen beginnen,
nachdem sie die Landwirtschaft und das einfache Leben aufgegeben haben, welche durch Enkidu symbo-
lisiert werden. Nach Enkidus Zähmung und Zivilisie-
rung – König Gilgamesch entsendet eine Tempelhure
zu ihm, um ihn zu verführen – erlernt Enkidu das
städtisch-höfische Leben, die Art zu speisen, sich zu
kleiden und Wein zu trinken. Doch nachdem Šamḫ-at,
die Liebesdienerin aus dem Tempel der Göttin Ištar,
Enkidu über die Allmacht Gilgameschs in Kenntnis
gesetzt hat, und darüber, wie dieser gegenüber jungen
Bräuten das Recht der ersten Nacht geltend macht,
beschließt er, Gilgamesch zum Kampf herauszufor-
dern und ihn mit traditionellen Mitteln (den Techni-
ken der Wildnis) zu besiegen. Bei dem heftig ausgetra-

genen Kampf erweisen sich beide Kontrahenten als gleich stark, ehe am Ende doch Gilgamesch (und damit die Stadt und Zivilisation) die Oberhand gewinnt. Enkidu erkennt die Stärke Gilgameschs an, was beide zu engen Freunden werden lässt, bis Enkidu durch die Hand der Götter stirbt. In seiner Trauer begibt sich Gilgamesch auf Wanderschaft, um nach Unsterblichkeit und dem ewigen Leben zu suchen.

Diese Suche nach einem besseren Leben, unwesentlich, ob dies wie hier Unsterblichkeit meint oder aber das Streben nach besseren Lebensumständen, ist ein Phänomen, das zu allen Zeiten und an allen Orten zu beobachten ist, unabhängig von Nationalität, Herkunft, Ethnie, Geschlecht oder Religion. Zumeist jedoch ist es ein Anliegen, das die höheren Schichten einer Gesellschaft auszeichnet. So erleben wir im Gilgamesch-Epos, wie der trauernde König sich auf den Weg macht, in der *Ilias* Odysseus, der König von Ithaka, und in der Thora Abraham mit einigen Mitgliedern seiner Familie, einer ausgewählten, handverlesenen Elite. Auch bei den späteren Auswanderungen, denen von Isaak und Jakob und noch später von Moses, begegnen wir einer Oberschicht, die loszieht, um die eigenen Lebensumstände zu verbessern. Und heutzutage? Ist es nicht so, dass die überwiegende Mehrheit aller Flüchtlinge und Migranten zumindest der

Mittelschicht entstammt? Denn die Auswanderung ist kostspielig, nur wem entsprechender Besitz und Barvermögen dies erlauben, ist dazu überhaupt in der Lage, kann Fluchthelfer und Schmuggler bezahlen, die Kosten der Reise bestreiten und danach ein erstes Auskommen haben.

Allerdings ist es nicht zwangsläufig so, dass das Neue stets über das Alte triumphiert. Nicht zuletzt die Hochkultur der Sumerer ging durch die Invasion der Amurriter und Elamer unter, zweier Volksstämme, deren Leben durch ständige Wanderschaft und Unstetigkeit, durch das Nomadentum bestimmt war. Auch weiter im Norden kann der Untergang der Kultur von Konstantinopel durch die aus Nordeuropa einfallenden Kreuzfahrer nicht zwangsläufig als Indiz für einen Sieg des Fortschritts betrachtet werden. Denn diese Kreuzritter, die die Stadt im Namen des Christentums und ihres Glaubens in Schutt und Asche legten, waren vor allem Diebe und Plünderer, die vor allem reicher Beute nachjagten, mochten sie auch aus einer alten, traditionsreichen Kultur ausgezogen sein.

Und sie kamen aus dem Norden ...
Alexander der Große, die Kreuzzüge

Alexander der Große:
Kriege und Eroberungen

Unter den vielen überlieferten Geschichten zu Alexander dem Großen, auch Alexander der Makedonier genannt, findet sich auch der Bericht einer Unterredung zwischen dem jungen König, der im Jahre 336 v. Chr. mit gerade einmal zwanzig Jahren seinen Vater Philipp II. von Makedonien auf dem Thron beerbt hatte, und einem seiner Weisen. Der junge König hatte sogleich mit den Vorbereitungen für einen groß angelegten Feldzug begonnen, um die Expansionspläne seines ermordeten Vaters zu realisieren, der ihm ein fest gegründetes Königreich und eine starke Armee mit gut ausgebildeten Soldaten hinterlassen hatte. Der weise Berater verlangte zu erfahren, welche Ziele der junge König verfolge. Der junge König erwiderte, als Erstes gedenke er, Kleinasien zu erobern. Und dann?, wollte der weise Berater wissen. Danach werde ich ins Perserland einmarschieren, antwortete Alexander. Und dann? Dann werde ich das Zweistromland erobern. Und dann? Danach Indien. Und darauf? Danach werde ich China erobern. Und dann? Dann werde ich ausruhen, antwortete Alexander, worauf der weise Mann nicht anders konnte, als zu fragen: Warum ruhen Majestät dann nicht jetzt schon?

Unabhängig davon, ob diese Geschichte nun wahr ist oder zu den Legenden gehört, die uns die Griechen in großer Zahl hinterlassen haben, so ist ihre Botschaft doch klar: Auch wenn sie uns zunächst das vorherrschende Bild der sagenumwobenen Persönlichkeit Alexanders III. von Makedonien zu vermitteln sucht, er sei einer der berühmtesten Heerführer und größten Eroberer der Geschichte gewesen, so verbindet sie dies doch mit der Weisheit, dass der Mensch ein »Bewegungsgeschöpf« ist, ein Perpetuum Mobile, das immer auf die Zukunft gerichtet ist und dessen Bestreben stets dem nächsten Ziel gilt, da das Gefühl von Zufriedenheit oder der Vollendung eines Vorhabens äußerst relativ und sehr individuell erscheint. Bei dem Weisen gilt es dem Hier und Jetzt, während das Trachten des Ehrgeizigen auf alles gerichtet ist, was bisher noch nicht verwirklicht wurde. Dies wird in der Antwort Alexanders des Großen überdeutlich, der die Ziele seines Feldzugs eines nach dem anderen aufzählt: kein Innehalten, keine Ruhepause bis ans Ende der Welt. Und vielleicht hätte er in seiner Antwort an den Weisen noch länger so weitergemacht, hätte ihn in jenem

Augenblick nicht das Wissen beschlichen, dass er ihm eine *wirkliche* Antwort schuldig war. Und auch wenn diese nicht der Logik des klugen Beraters entsprach, der auf der Stelle mit der Gegenfrage konterte, *Wenn Majestät auszuruhen gedenken, warum dann nicht jetzt gleich?*, so musste er sich doch zumindest selbst eine Antwort geben, um später sein Innehalten begründen zu können, in dem Moment, in dem er beginnen würde, das Ausruhen zu genießen. Denn hatte nicht auch der jüdische Gott am siebten Tage geruht, nachdem er die Welt erschaffen hatte? Ein Mann wie Alexander der Große wiederum, der bis an sein Lebensende überzeugt davon war, ein Sohn des Zeus zu sein, wäre der Letzte, der ausruhen würde, sobald er die Erschaffung seiner eignen Welt beendet hätte. Zehn Jahre sollte der Feldzug gegen das persische Herrschaftsgebiet dauern, zehn Jahre, in denen die Balkanroute Flucht und Bewegung in einem bislang unbekannten Ausmaß erlebte. Der junge König aber war in seinem Beharren, sich an ein Projekt der Eroberung der Welt zu machen und danach Ruhe zu finden, nicht allein. Hunderttausende, ja Millionen von Menschen band er an sein Schicksal, Soldaten wie Zivilisten gleichermaßen, wobei letztgenannte die Wahl hatten, die Herrschaft des neuen Eroberers und seiner Soldaten zu akzeptieren oder aber zu fliehen und sich eine neue Heimat zu suchen. Ja, man ist versucht zu vermuten, dass er alle diese Menschen vor allem als Zeugen und Zuschauer bei seinem Projekt benötigte. Und wäre es nach ihm gegangen, hätte Alexander der Große auch nicht innegehalten, sondern seinen Weg bis ans Ende der Welt fortgesetzt, oder gar bis ans Ende seines Lebens, und damit Könige und Feldherren übertroffen, die ihm in der Geschichte vorausgegangen waren. Und wenn Alexander das Vorbild des persischen Großkönigs Kyros II. vor Augen gehabt und versucht haben sollte, ihm nachzueifern, können wir Nachgeborenen ihm sicher einräumen, den Wettstreit um das größere hinterlassene historische Erbe für sich entschieden zu haben.

Nur in einem Punkt unterschied sich Alexander der Große nicht von all jenen, die vor oder nach ihm jemals einen Thron bestiegen und über Großreiche und Imperien herrschten: Um seine Macht zu festigen, begannen Alexander und seine Getreuen seine Regentschaft mit einer gnadenlosen Säuberungswelle am eigenen Hof, um zu vermeiden, dass ihm aus seiner Umgebung ein Konkurrent um den Königsthron erwüchse. So befahl er die Hinrichtung seines Cousins Amyntas IV., den er eines Umsturzversuches und der Herrschaftsambitionen verdächtigte. Gleichzeitig ordnete seine eifersüchtige Mutter Olympias, die vierte und bevorzugte Frau seines Vaters Philipp II. von

Makedonien, die Ermordung der Kleopatra von Epirus, ihrer Nachfolgerin an der Seite Philipps, an. Des Weiteren fielen dem Schwert Alexanders zum Opfer: Attalos, der Onkel der Kleopatra, ein makedonischer Feldherr, der mit seinem Heer in Kleinasien stand und verdächtigt wurde, Kontakte zum dem athenischen Politiker und bedeutenden Redner Demosthenes zu unterhalten, um die Möglichkeit auszuloten, sich von dem makedonischen Heer zu trennen und sich stattdessen mit den athenischen Truppen zusammenzutun. Auch galt Attalos als Erzfeind Alexanders, nachdem er bei der Hochzeitsfeier seiner Nichte Kleopatra mit Philipp II. vor der gesamten versammelten Gesellschaft die Legitimität von Alexanders Erbanspruch auf den makedonischen Thron angezweifelt hatte. Die einzige Person, der Alexander wohlgesonnen war, war sein älterer Halbbruder Philipp III. Arrhidaios, der aber wegen einer geistigen Behinderung (die Plutarch zufolge durch das Gift hervorgerufen worden war, das ihm Olympias heimlich verabreichte, nachdem sie vom Tod Philipps II. erfahren hatte) für regierungsunfähig gehalten wurde und deshalb keine Bedrohung darstellte.

Als sich die Kunde vom Tod Philipps II. verbreitete, erhoben sich mehrere griechische Stadtstaaten im Süden und unternahmen Anstalten, sich von der Vorherrschaft Makedoniens zu befreien, darunter Theben, Athen sowie im Norden die Völker in Thrakien und Illyrien. Alexander rief daraufhin Tausende Krieger zusammen und zog, obgleich seine Berater ihm zu diplomatischen Lösungen rieten, mit seinen Truppen nach Süden, besiegte die Thessalier, die sich ihm unterwarfen und deren Soldaten er seinem Heer hinzufügte. Danach setzte Alexander seinen Feldzug weiter südwärts nach Korinth fort, worauf sich die Athener ihm ergaben und sich der makedonischen Herrschaft unterordneten. Während seines Aufenthalts in Korinth wurde Alexander zum obersten Führer des hellenistischen Bundes ernannt und offiziell als Nachfolger seines Vaters als Oberbefehlshaber der Armeen aller griechischen Stadtstaaten bestätigt.

Doch anstatt auszuruhen, beschloss er, sich postwendend an seinen eigentlichen großen Feldzug zu machen, sich weit von dem Königreich zu entfernen, das soeben gänzlich in seine Hände gefallen war, ganz so als seien die internen Konflikte, die Maßregelung der rebellischen griechischen Stadtstaaten nach der Machtübernahme nur die Ouvertüre gewesen für das, was nun folgen sollte. Ja, man gewinnt den Eindruck, als habe er nur nach einer Gelegenheit gesucht, um seiner zukünftigen Rolle gewahr zu werden. Und es bedurfte wohl einer Begegnung abseits des Kampfes im Feld, um ihm die Alternative zwischen der Kunst des Ausruhens im Augenblick und dem Zustand ständiger Bewegung klar vor Augen zu führen, so denn überhaupt irgendwann eine Ruhe auf ihn wartete, die nicht den Tod bedeutete.

Bei all dem erscheint zweifelhaft, ob Alexander der Große vornehmlich an Beute gedacht haben dürfte, als er seinen Feldzug antrat. Wahrscheinlicher ist, dass er es schlicht als die Pflicht eines Imperators ansah, sein Königreich zu erweitern. Seine Antworten an den weisen Berater sind ein Hinweis auf diese Haltung. Allein die Frage, die der Weise bei ihm entfachte, trieb ihn um: Und dann? Was kommt danach? Als hätte er gewusst, dass er nicht eher ausruhen würde, bis er stürbe. Denn auch die Götter hatten ja nicht, wie gedacht, ausruhen können, sondern waren bis auf den Tag beschäftigt mit ihren Geschöpfen und der von ihnen erschaffenen Welt. Hätte er sich der Ruhe hingegeben, wäre er längst tot. Alexander wusste um diese Lektion, Ruhe war das Gegenteil von Leben, weshalb sein existenzialistisches Projekt auf andauernde Fortsetzung zielte, auf Expansion. Aber mehr noch galt der Expansionsdrang Alexanders des Großen der Verwirklichung seines außergewöhnlichen Egos, das im Ergebnis als nichts anderes als das Produkt einer Mischung all der Kulturen und Zivilisationen erscheint, die er durchlaufen hatte. Zehn Jahre fern der Heimat, des eigenen Geburtsortes, des Vaterlands, wie man so sagt, verändern alles. Sowohl die Person, die sich von dem Ort entfernt, als auch der Ursprungsort selbst verändern sich, denn beide schlagen eine Entwicklung in eine andere Richtung ein. Das trifft in besonderem Maße auf Alexander den Großen zu, bedenken wir nur die Distanz zwischen Makedonien, das er hinter sich ließ, und Indien, dem weitesten seiner Ziele – und dies bei den nach heutigen Maßstäben primitiven Transportmitteln der damaligen Zeit.

Dergestalt also zeigt sich die Ausnahmestellung dieses Königs, der im Jahre 356 v. Chr. in der makedonischen Stadt Pella zur Welt kam und ab seinem 14. Lebensjahr durch Aristoteles, den berühmtesten Philosophen der damaligen Epoche, unterrichtet wurde. Der außerdem mit gerade einmal dreißig Jahren bereits eines der größten und mächtigsten Imperien begründet hatte, das die Antike erleben sollte, ein Riesenreich, das sich von den Gestaden des Ionischen Meeres im Westen bis zur Gebirgskette des Himalaya im Osten erstrecken würde, bis zum Hindukusch und der Stadt Kandahar, um genau zu sein. Ein Imperium, das sich wohl noch weiter ausgedehnt hätte, hätten sich seine Heerführer nicht gegen Alexander erhoben und ihn zur Rückkehr aufgefordert, nachdem sie für ihren Teil genug Beute gemacht hatten, bald ausruhen wollten und ihren Herrscher sowie seinen nicht enden wollenden Wettlauf mit der Frage »Und dann?« nicht mehr verstehen konnten. Weitere von ihm geplante Feldzüge, deren erster die Eroberung der arabischen Halbinsel vorgesehen hatte, blieben unverwirklicht. Wenige Jahre nach Alexanders Tod brachen an etlichen Stellen in seinem Reich Bürgerkriege aus, welche die einzelnen Bestandteile des Imperiums auseinanderreißen sollten und eine Vielzahl von Kleinstaaten gebaren. Diese wurden durch Alexanders Feldherren, seine Nachfolger (die sogenannten Diadochen), beherrscht. Da jedoch keiner von ihnen stark genug war, sich als Alleinherrscher durchzusetzen, kam es zu einer langen Reihe von Konflikten, den sogenannten Diadochenkriegen, in denen man in wechselnden Koalitionen um die Macht rang. Doch diese Männer, die Alexander viele Jahre lang auf seinen Feldzügen begleitet und überlebt hatten, fanden letztlich Ruhe auf den Feudalbesitzungen, die jeder von ihnen in Anerkennung seiner Dienste erhalten hatte. Gegen diese »Genügsamkeit« stand das Naturell Alexanders, der den Weg seines großen Vorbilds beschreiten wollte, des persischen Königs Kyros II. Und so wie das Reich, das Kyros II. seinerzeit regiert hatte, wurde auch das Reich, über das Alexander bis zu seinem Tod herrschen sollte, zu einer Schmelzhütte der Kulturen, sowohl der Kul-

turen all jener Völker, die seinerzeit auf der Balkanroute lebten, als auch aller anderen Völker, die in dem
gewaltigen Alexanderreich aufgingen. Das Erbe, der
Stempel, den Alexander der Weltgeschichte aufdrück-
te, besteht somit vor allem in der kulturellen Durch-
mischung, die seine Eroberungszüge hinterließen, so
als hätte er sich auf seine Wanderschaft gemacht, um
die Kulturen der Balkanroute zu sammeln und zu
überbringen. Ganz zu schweigen von der Gründung
von mehr als zwanzig Städten in den verschiedensten
Ecken und Enden seines Reiches, die seinen Namen
tragen, etwa Alexandria in Susiana, südlich des heutigen Bagdad gelegen, oder Iskenderun in der Südtürkei.
Die berühmteste und bedeutendste Stadt, die bis heute den Namen des makedonischen Imperators trägt,
ist jedoch das ägyptische Alexandria. Durch die Gründung griechischer Kolonien überall entlang seines
Weges sorgte Alexander für die Schaffung einer hellenistischen Kultur, deren Züge noch die Traditionen
des Byzantinischen Reiches bestimmen sollten und
bis zur Mitte des 15. Jahrhunderts sichtbar blieben. Es
wundert daher nicht, dass dieser König – ähnlich dem
Perserkönig Kyros II. – zu einer prominenten Gestalt
in Sagen und Geschichten der griechischen Historie
wie der Weltgeschichte wurde. Er war der Maßstab, an
dem der Erfolg oder das Scheitern von Generationen
künftiger Feldherren und Strategen gemessen wurde.

Eine mythische, legendenumwobene, überlebensgroße historische Figur, die viele Namen trägt: Alexander der Große, Alexander der Makedonier, Alexander, der mit den zwei Hörnern.

Die Kreuzzüge

Niemand hätte sich vorstellen können, am allerwenigsten der byzantinische Kaiser Alexios I. Komnenos selbst, dass der von ihm an seine christlichen Glaubensbrüder gerichtete Hilferuf, sie mögen ihm zur Seite stehen, um die Angriffe der muslimischen, türkischen Seldschuken gegen die byzantinische Hauptstadt Konstantinopel zu stoppen, nicht nur dazu führen würde, die Türken zu verjagen und ihrer Offensive gegen Europa Einhalt zu gebieten, sondern dass er den Beginn eines nicht enden wollenden Albtraums aus Krieg und Gewalt markieren sollte, unter dessen Schrecken die Balkanroute beinahe die nächsten zwei Jahrhunderte zu leiden hatte. Diese ununterbrochene Abfolge von Kriegen, marodierenden Plünderungen und Gewaltexzessen, die als »Kreuzzüge« bezeichnet wurden und im Zeitraum von 1096 bis 1291 nichts als Tod und Verwüstung hinterließen, bedingten schlussendlich den Untergang des byzantinischen Kaiserreiches, doch nicht etwa durch die Hand des muslimischen Feindes, sondern vielmehr durch die der christ-

lichen Glaubensbrüder, die zu seiner Rettung herbei-
geströmt waren.

Denn der von Konstantinopel entsandte Hilferuf war
eigentlich ein Geschenk des Himmels, das der katholi-
schen Kirche in die Hände fiel. Kaum war das Gesuch
eingegangen, berief Papst Urban II. am 27. November
1095 im französischen Clermont-Ferrand eine Synode ein, aber nicht etwa zum Zweck umfänglicher Hil-
feleistungen für das byzantinische Kaiserreich, wie es
das Gebot der Stunde gewesen wäre und von Kaiser
Alexios I. gewünscht war, sondern zur Proklamation
der Mission »Heiliges Land«. Diese wurde direkt gefolgt von einem Edikt, in dem die Vertreibung der dort
ansässigen Muslime, die Einnahme Jerusalems und
der anderen heiligen Stätten verlangt wurden, die – so
die Überzeugung der Synode – »besudelt« waren, und
dies, um so ein zum damaligen Zeitpunkt schon fast
neunzig Jahre zurückliegendes Ereignis zu sühnen,
die Zerstörung der Grabeskirche durch den Kalifen
Al-Hakim bi-Amr Allah.

Der Konflikt war ein Ausdruck der jahrhundertealten
Spannungen zwischen den Muslimen und und den Europäern. Die muslimische Präsenz im Heiligen Land
hatte mit der islamischen Eroberung Palästinas im
7. Jahrhundert begonnen. Doch finden sich über die-

sen gesamten Zeitraum kaum Berichte über daraus resultierende Beeinträchtigungen der Pilgerreisen zu den heiligen Stätten des Christentums, den Klöstern und christlichen Gebieten und Enklaven. Ja, die europäischen Regenten kümmerten sich zunächst wenig um den Verlust Jerusalems, da sie mehr damit beschäftigt waren, sich der Angriffe anderer nichtchristlicher Feinde wie etwa der Wikinger und der Slawen zu erwehren.

Annähernd zwei Jahrhunderte sollten die von den Europäern angezettelten Kriege und Heerzüge währen – vom ausgehenden 11. Jahrhundert bis zum letzten Drittel des 13. Jahrhunderts –, und sie hinterließen in allen Regionen, die auf ihrem Weg lagen, Verwüstung und Elend, als hätte das byzantinische Hilfegesuch erst den Appetit unterschiedlicher gesellschaftlicher Schichten und Gruppen in Europa geweckt, nach Jerusalem zu ziehen.

So nahmen also die religiös verbrämten militärischen Auseinandersetzungen ihren Lauf. Europa war mittlerweile weitestgehend christianisiert, nachdem Wikinger, Slawen und Magyaren das Christentum angenommen hatten. Damit hatte jedoch auch der europäische Ritterstand, der das Rückgrat des Feldzugs ins Heilige Land darstellte, sukzessive so gut wie alle äußeren Feinde verloren, die sich ehedem bekämpfen ließen, und so verbreitete er stattdessen zunehmend Angst und Schrecken unter der eigenen Bevölkerung, verlegte sich auf Diebstahl, Wegelagerei und blutige Fehden untereinander. Ein Umstand, der die Kirche als Hüterin der Ordnung den sich nun auftuenden Handlungsraum im Südosten wohl mit großem Interesse registrieren ließ, bevor man plötzlich begann, sich über den Vorstoß der barbarischen Heiden zu empören.

Es war ein bunter Haufen an Abenteurern und Hasardeuren, der sich zu diesem ersten Feldzug vereinigte. Unterschiedlichste Nationen und Völker fanden sich in ihm zusammen: zum einen Ritter aus dem englischen, französischen und portugiesischen Königreich und das byzantinische Kaiserreich mit seinen Truppen, zum anderen aber auch heidnische Slawen und russisch- und griechisch-orthodoxe Christen, Mongolen und politische Gegner des Papsttums. All jene Völker mithin, die im Westen und Osten Europas an der Balkanroute lebten. Trotz aller von den Kreuzfahrern gemachten Versprechungen und den in Aussicht gestellten Vergünstigungen musste ein derart bunt gemischtes Bündnis eines Tages jedoch aufgrund seiner divergierenden Interessen auseinanderfallen.

Unter ihnen fanden sich junge Adelige, die in den Kreuzzügen eine Gelegenheit erblickten, im Osten zu Landbesitz zu kommen, während andere darauf aus waren, ihre Besitzungen durch die Einverleibung weiterer Latifundien zu vergrößern. Die Armen und Mittellosen unter den Kreuzfahrern hingegen fanden in den Kriegszügen die Chance auf ein neues, besseres Leben und ein Instrument, das sie von ihrem Schicksal als Leibeigene befreien sollte, zu dem sie im Schatten des damals vorherrschenden Feudalsystems verurteilt waren. Für sie waren das kirchliche Versprechen auf Ablass und die in Aussicht gestellte Beute Anreiz genug, ihr elendes Leben hinter sich zu lassen und sich aufzumachen, um Jerusalem zu befreien. Es wäre wohl nicht zu gewagt, heutigen muslimischen Jugendlichen, die sich aus den europäischen Metropolen nach Osten aufmachen, um *gegen* die vermeintlichen Kreuzfahrer zu kämpfen, eine ganz ähnliche Motivlage zu attestieren.

Im Spektrum der Profiteure der Kreuzzüge sollten etliche europäische Küstenstädte nicht unerwähnt bleiben, die aus dem Transport der Kreuzfahrer auf ihren Handelsschiffen erkleckliche Gewinne zu machen suchten und heute ebenfalls Nachfolger finden, wenn der Personentransport auch in die entgegengesetzte Richtung geht.

Nach etlichen blutigen Massakern (denen noch etliche folgen sollten) gelang der bunten Koalition im Jahre 1099 schließlich doch die Einnahme der Heiligen Stadt und die Gründung des lateinischen Königreichs von Jerusalem. Hinzu kamen weitere, von den Kreuzfahrern kontrollierte Gebiete wie die Grafschaft Edessa, das Fürstentum Antiochia und die Grafschaft Tripolis, die weite Teile der Mittelmeerküste ausmachten.

Bei diesem vordergründigen Erfolg zählt es zu den großen Paradoxien der Kreuzzüge, dass die Byzantiner, ohne deren Hilfeersuchen diese Feldzüge niemals eine Legitimität gehabt hätten, am Ende ebenfalls zu ihren Opfern zählen sollten. Denn weder ihre christliche Glaubenszugehörigkeit noch ihre Begeisterung und ihre Unterstützung für die Invasion ihrer entfernten Glaubensbrüder sollten sie retten. Im Gegenteil: Die Erfolge, die die Europäer bei der Einnahme der heiligen Stätten und Jerusalems feierten, beschleunigten den Untergang des byzantinischen Reiches nur.

Sämtliche Kreuzzüge führten über den Balkan und damit zwangsläufig auch über Konstantinopel. Hinterließen die ersten Kreuzzüge dort vor allem Verwüstungen und Schäden, so wandelten sich die darauffolgenden Kampagnen, insbesondere zu Zeiten, da Siege über die Muslime errungen werden konnten, in Kreuzzüge gegen Byzanz selbst. Denn die europäischen Katholiken und die Römische Kirche betrachteten die Byzantiner und sämtliche Konfessionen der orthodoxen Ostkirchen mit Argwohn und sahen in ihnen letzten Endes nichts anderes als Häretiker, die bekämpft und auf den rechten Weg zurückgeführt werden mussten.

Bemerkenswert aber ist, dass ungeachtet der zwischen dem christlichen Europa und den Arabern neu begründeten Feindschaft auch zu Zeiten der Kreuzzüge der Einfluss der arabischen und islamischen Kultur auf die Europäer immens war. Bereits zuvor hatte man die Weitergabe von Kenntnissen in der Medizin, der Architektur und anderen Wissensfeldern an Orten des kulturellen und merkantilen Austauschs praktiziert, die friedliche Beziehungen zu den islamischen Staaten unterhielten, so zum Beispiel im normannischen Königreich in Süditalien, auf der spanischen Halbinsel oder in den blühenden Handelsstädten rund um das Mittelmeer wie Venedig, Genua und Alexandria. Während der Kreuzzüge setzten sich die gegenseitigen Einflüsse fort. So veränderte sich etwa die Bauweise der europäischen Burgen, welche sich von der einstmals schlichten Holzbauweise hin zu einer massiven Steinbaukonstruktion entwickelte, wie sie im Orient gängig war. Auch trugen die Kreuzzüge wesentlich zum Aufstieg jener Stadtstaaten in Italien bei, die von Anfang an von ihren Handelsbeziehungen und dem kulturellen Austausch sowohl mit den Kreuzfahrerkönigreichen als auch den islamischen Städten profitierten.

In seinem Standartwerk *Einführung in die islamische Geschichte* vertritt der deutsche Orientalist Gerhard Endreß sogar die Auffassung, es seien die Kreuzzüge bzw. die damit verbundenen Rückschläge der Kreuzfahrer – die Niederlage bei Edessa 1144 und die Rückeroberung Jerusalems durch Saladin im Jahre 1187 – gewesen, die erste Anfänge eines tieferen Verständnisses vom Islam befördert und damit die Ursprünge dessen begründet hätten, was Jahrhunderte später als Wissenschaft der Orientalistik bekannt werden sollte. Auf Initiative des Abts Peter von Cluny (Petrus Venerabilis) wurde unmittelbar nach dem Fall von Edessa ein Team von Übersetzern zusammengestellt, das neben einigen christlich-arabischen polemischen und apologetischen Schriften über den Propheten Muhammad auch eine erste lateinische Koranübersetzung anfertigte (auch wenn diese eher eine zusammenfassende Paraphrase als eine genaue, wortgetreue Übersetzung darstellte).

All dies bringt uns aber nicht um die Feststellung, dass diese Entwicklung auf der Zerstörung einer anderen großen Kultur gründete, an deren Untergang die Europäer selbst tatkräftig mitwirkten. Dass das byzantinische Konstantinopel, dessen reiche Welt in der Folge ausgelöscht wurde, die Zerstörer selbst gerufen hatte, gehört zu den großen tragischen Episoden der gemeinsamen Geschichte von Orient und Okzident. Diese dramatische Wendung kann jedoch als Warnung vor dem, wenn auch instrumentellen, Zugriff auf die Ressource Religion zu Machtzwecken gelten, der schon so oft den Dämon des Fanatismus weckte, welcher sich von niemandem mehr bändigen ließ.

So wissen wir heute nur noch über Artefakte von dieser großen mystik- und glanzfreudigen Kultur, deren Fortdauer und Bestehen die Welt mit Sicherheit bereichert hätte und ihrer Geschichte eine andere Richtung hätte geben können, eine andere Richtung, als die von der Kirche im Norden gewünschte, und womöglich auch eine andere, als wir sie heute zu beklagen haben.

Und sie kamen als Reisende und Weltenbummler

Die Reise Ibn Battutas:
Die Balkanroute als Schicksal

Im Schatten der Inanspruchnahme der Balkanroute als Fluchtkorridor, Handelsweg, vorzügliche Passage militärischer Unternehmungen zur Reichsexpansion und im Dienste religiöser Mission sowie als schlichtem Einfallstor für Raubzüge, blieb eine ihrer Nutzungsarten bisher noch ausgespart: die des Reisens. Doch konnte es für diejenigen, die sich auf die Suche nach den sinnlichen Reizen des Neuen begaben, einen vielversprechenderen Weg geben als diese Straße, auf der jeder Pflasterstein einer anderen Kultur zu entstammen scheint? Bei all den Jahrtausenden von Fluch und Segen, von Legenden und Verderben, die an der Balkanroute hafteten, wundert es kaum, dass sich die Berichte der Weltenbummler selbst nicht selten in den Bereich des Sagenhaften hineinbewegten und Literatur wurden. Literatur, in der Dokumentation und Fiktion kaum mehr zu entwirren sind.

Der erste große Weltreisende, der lange vor Erfindung der Dampfmaschine und der damit einhergehenden Revolution moderner Transportmittel eine Gesamtstrecke von mehr als 120 000 Kilometern zurücklegte – ein Rekord, den kein Alleinreisender bis zum Anbruch des Dampfzeitalters fast ein halbes Jahrtausend später brechen sollte –, war Ibn Battuta, den man heute mit dem Ehrentitel »Fürst der muslimischen Reisenden« bedenkt. Geboren 1304 in der marokkanischen Hafenstadt Tanger als Sohn einer Familie islamischer Rechtsgelehrter, sollte er in jungem Alter auf eine Reise aufbrechen, die nicht weniger als 24 Jahre dauerte und bei der er den gesamten islamischen Raum und seine Grenzgebiete abschritt. Schließlich kehrte Ibn Battuta in seine Heimat zurück, führte ein beschauliches, zurückgezogenes Leben als Kadi und starb schließlich vergessen, ohne dass jemand seinem Tod größere Aufmerksamkeit geschenkt hätte.

Wieder in Erinnerung gerufen wurde er später über seine üppigen Reiseberichte, aus deren autobiografischen Passagen auch die einzigen Informationen zu Ibn Battutas Leben stammen, die uns heute zur Verfügung stehen.

Ibn Battuta war 21 Jahre alt, als er im Juni des Jahres 1325 seine Reise begann, deren ursprüngliches Ziel ein Besuch Mekkas war, und er wusste nicht, dass er in jenem Augenblick eine lange Reise antreten und erst ein knappes Vierteljahrhundert später nach Marokko zurückkehren sollte, so wie er sich gewiss nicht ausgemalt haben dürfte, dass er Länder besuchen würde, von denen er zuvor noch nie gehört hatte. Länder, die ihm vollkommen fremd waren: »Ich zog allein los, da ich keinen Weggefährten fand, mit dem ich mich unterwegs hätte austauschen können, und keine Gruppe von Reisenden, der ich mich hätte anschließen können. Es trieb mich ein fest entschlossener Sinn und leidenschaftliches Verlangen, diese glorreichen Heiligtümer zu sehen. So beschloss ich denn, mich von allen meinen Freunden zu trennen und meinem Elternhaus Lebewohl zu sagen. Da meine Mutter und mein Vater noch am Leben waren, fiel mir der Abschied schwer, und auch sie überfiel der Schmerz.« Bei so viel Pilgereifer ist es mehr als erstaunlich, dass Ibn Battuta schon auf dem Weg nach Mekka mannigfache Umwege und Zwischenaufenthalte einlegte, die sich im Anschluss daran, als er seine religiösen Pflichten erledigt hatte und es eigentlich auf den Heimweg ging, nur noch ausladender und abenteuerlicher gestalten sollten. Er entschied sich schließlich weiterzureisen und wählte als nächstes Reiseziel das Reich der mongolischen Ilchane. Es wurde der Beginn einer langen Reise durch den heutigen Irak, Iran, Indien und China, durch den Mittleren und Fernen Osten und Südasien. Und irgendwann, so scheint es fast, musste er auch auf die Balkanroute kommen.

So gelangte er nach Stationen in Bagdad und Shi-
raz, im Jemen und auf Sansibar nach Anatolien, wo er
sich einer Karawane von Özbeg, dem Khan der Golde-
nen Horde, anschloss, um mit dieser auf der Wolga bis
nach Astrachan zu ziehen. Dort angekommen, gestat-
tete der Khan einer seiner Frauen, der Tochter des byzantinischen Kaisers Andronikos III. Palaiologos, die
schwanger war, nach Konstantinopel zurückzukehren,
um ihr Kind in ihrer Heimatstadt zur Welt zu bringen,
wie es in vielen Gegenden des Orients bis heute noch
Sitte ist. Zum Zwecke der Rückreise schloss sich Ibn
Battuta dem Tross der Prinzessin an und gelangte so
Ende 1332 (oder 1334) nach Konstantinopel, der damaligen Hauptstadt des byzantinischen Kaiserreichs,
wo er Kaiser Andronikos III. Palaiologos begegnete
und die Kathedrale Hagia Sophia besuchte. In seinem
Bericht, einem herausragenden Zeugnis über die un-
tergegangene Welt Konstantinopels, schreibt er über
diese ebenso wie über sein Gespräch mit einem orthodoxen Priester während seiner Reisen nach Jerusalem.

Etliche namhafte westliche Orientalisten bezweifeln,
dass Ibn Battuta die von ihm beschriebenen Orte
tatsächlich allesamt besucht hat. Sie vertreten die
Auffassung, einen vollständigen Reisebericht der islamischen Welt habe er nur vorlegen können, indem
er sich auf mündliche Überlieferungen stützte und

Berichte früherer Reisender einwob. So gilt es zum Beispiel als wenig plausibel, dass er auf der Wolga von Neu-Sarai nach Bulgarien gereist sein soll. Außerdem werden erhebliche Zweifel an etlichen seiner anderen Reisen angemeldet, wie etwa der nach Sana'a im Jemen oder der vom afghanischen Balch nach Chorasan sowie der Passage durch Anatolien. Einige Orientalisten bestreiten ebenso, dass Ibn Battuta China besucht haben soll.

Doch selbst wenn in dem Bericht fantastische Orte und Abschnitte einer »imaginären« Reise enthalten sein mögen, die er sich ausgedacht, aber niemals unternommen hat, so fasziniert Ibn Battutas Werk dennoch als eine der genauesten erhaltenen Beschreibungen der Welt des 14. Jahrhunderts. Wobei seine Schilderungen nicht selten von einem wahren »Kulturschock« künden, den ihr Verfasser in den von ihm besuchten Gegenden, wo die Bräuche und Sitten der örtlichen Bevölkerung nicht mit seiner persönlichen Prägung als gläubiger Muslim in Einklang standen, erfahren haben muss. So zeigt sich Ibn Battuta etwa erstaunt über das Verhalten der Frauen bei Türken und Mongolen, berichtet von türkischen Ehepaaren, bei denen sich ihm angesichts der Freiheiten der Frau der Eindruck aufdrängt, der Mann sei ihr Diener und nicht wie in Wahrheit ihr Ehemann. Auch springt ihm an anderer Stelle die auf den Malediven und in einigen

Regionen der südlichen Sahara übliche Kleidung der Frauen ins Auge, die ihm allzu durchsichtig erscheint.

Im Jahre 1356 diktierte Ibn Battuta seine Reiseerlebnisse dem Dichter Mohammad Ibn Dschuzaj unter dem Titel »Geschenk für die Betrachter der Denkwürdigkeiten von Städten und Wunder von Reisen« in die Feder, von da an ist nur noch wenig über Ibn Battuta bekannt.

Und auch sein Werk versank im Staub der Geschichte, blieb jahrhundertelang sogar in der islamischen Welt unbekannt. Erst als der Schweizer Orientforscher Johann Ludwig Burckhardt Anfang des 19. Jahrhunderts in Kairo auf Handschriften stößt, die eine gekürzte Fassung des arabischen Textes enthalten, gelangt der Bericht wieder an die breitere Öffentlichkeit, bald folgen Übersetzungen ins Deutsche und Englische. Nachdem man in der Zeit der französischen Besetzung Algeriens zwischen 1830 und 1848 schließlich den vollständigen Text entdeckt, überträgt man den Gesamtbericht in der französischen Nationalbibliothek in Paris ins Französische, und so wanderte der Text die Balkanroute in entgegengesetzter Richtung zu Ibn Battutas Reise nach Europa und wurde zur Grundlage für Ibn Battutas weltweiten Ruhm.

Bis heute folgen Weltenbummler aller Couleur seinem Beispiel und machen sich auf Entdeckungsreise, um so an ihren Fersen Fetzen der durchwanderten

Kultur mit sich zu tragen und sie auf neuem Boden wieder fallenzulassen. So wie die Balkanroute zum Pilgerweg für alle Anhänger der Weltoffenheit und des Kosmopolitismus wurde, nimmt es nicht wunder, dass Ibn Battuta beileibe nicht der Letzte war, der diese Verbindung zwischen Orient und Okzident kreuzte. Auf seinen Spuren sollten Jahrhunderte später andere Reisende und Schriftsteller wandeln, von denen wir zweien besondere Aufmerksamkeit widmen wollen: Hans Christian Andersen und John Dos Passos.

John Dos Passos. Reise als Zeugnis

»Dreimal täglich im schaukelnden Speisewagen. Erst durch das Königreich der Serben, Kroaten und Slowenen, dann durch Bulgarien und ein Eckchen Griechenland. Da ist die Dame aus Wellesley, die für den *Atlantic Monthly* schreibt; ein eiförmiger Armenier aus New York, der im Kloster San Lazzaro in Venedig zur Schule ging, in Asolo Malerei studiert hat, Priester, Pfarrer und Balkanküche hasst und wehmütig von Tiffany's und dem alten Martin's Restaurant auf der Achtundzwanzigsten Straße erzählt; ein zweiter Armenier, dessen Mutter, Vater und drei Schwestern in Trapezunt vor seinen Augen von den Türken in kleine Stücke zerhackt wurden; außerdem ein großgewachsener stahlgrauer Standard-Oil-Mann, sehr groß mit einem kleinen Bäuchlein von der Form eines halben Fußballs. Er sagt, er kann Leute auf den ersten Blick beurteilen, und den ganzen Tag sitzt er da und schreibt für seine Lieblingsnichte Knittelverse über seine Reisen. Dann gibt es noch einen Mann mit einer Uhr mit vielen Stempeln, der wie ein Auktionator von der Vierzehnten Straße aussieht, sowie zwei hagere Kolonialengländerinnen. Das alles vor einem immer neuen Hintergrund von blassen Balkanmenschen mit mächtiger Nase und dunklen Ringen unter den Augen.

Zwischen den Mahlzeiten sitze ich in der Abgeschiedenheit meines kleinen grünen Abteils voller Knöpfe und Stangen aus Nickel und lese Diehl, der todlangweilig ist, gelegentlich unterbrochen von Passkontrolleuren, Zollbeamten, Detektiven, Geheimpolizisten oder dem Schaffner, einem älteren Belgier, der wie eine Lokomotive keucht, unendlich erschöpft vom zu vielen Unterwegssein, zu vielen gezählten Telegraphenstangen, zu viel Asche auf grünen Polstersitzen. Bei Zwischenstopps vertrete ich mir mit einem energischen Franzosen auf dem Bahnsteig die Beine, wir rauchen die ortsüblichen Zigaretten; er erzählt kenntnisreich über Bukarest, über die Liebe, über Attentate, Dreiecksgeschichten und Diplomatie. Er weiß alles, und seine Kragen und Manschetten sind stets blütenrein. Sein Lieblingsspruch lautet: Aller dans le luxe ... Il faut toujours aller dans le luxe.

Mit jedem Tag werden die Berge karger und steiniger, der Zug wird immer langsamer, und die Stationsvorsteher haben immer längere Schnauzbärte und immer ungepflegtere Uniformen, bis wir schließlich zwischen einem hellgrünen Meer und gelben sonnenverbrannten Landzungen dahinfahren. Plötzlich sind wir zwischen senffarbenem alten Gemäuer gefangen, das Gleis verläuft zwischen Müllbergen und Zypressen. Der Zug bewegt sich kaum noch, er hält fast unmerklich, als stünde er auf einem Abstellgleis. Sind wir ...? Nein. Doch. Das muss es sein ... Konstantinopel.«

So schildert der amerikanische Autor John Dos Passos seine Reise im »Orient-Express« von Venedig nach Istanbul (oder Stambul, wie er schreibt) im Jahre 1921, auf der er exakt dieselbe Strecke zurücklegt wie die Kreuzritter, allein mit dem Unterschied, dass diese kamen, um Konstantinopel zu plündern und zu zerstören, während Dos Passos auf dem Weg nach Osten ist, um Zeuge eines dort bereits tobenden Krieges zu werden. Zwar ist der Erste Weltkrieg drei Jahre zuvor für beendet erklärt worden, doch die Narben, die er hinterlassen hat und insbesondere in dieser Ecke der Welt, dem Balkan, noch hinterlassen wird – vor allem in Konstantinopel, Stambul –, sind allgegenwärtig. Der junge amerikanische Autor will das alles mit eigenen Augen sehen, will Zeuge sein, wie er schon während des Weltkriegs Zeuge an der Front gewesen ist. Damals hatte er sich freiwillig gemeldet, nicht als Soldat, sondern als Fahrer eines Krankenwagens für eine Sanitätseinheit. Und obgleich der Krieg für ihn »absolut verdammter Blödsinn [ist], ein riesiges Krebsgeschwür, das von Lügen genährt wird« (wie er am 23. August 1917 in einem Brief an seinen Freund Rumsey Marvin von der Front schreibt), so bekennt Don Passos nur wenige Tage später, am 29. August, er sei »viel glücklicher hier, als ich es seit Ewigkeiten war, ich fühle mich so richtig drin«. Vielleicht entspringt diese Euphorie dem Drang nach Wahrheit und Wirklichkeit, dem Wunsch, sich bei einer im Horror versinkenden Welt wenigstens als echter Zeitgenosse und Zeitzeuge fühlen zu können. Und nach dieser Rolle, der des Beobachters, der das Geschehen aus erster Hand erlebt, trachtet er nun ein weiteres Mal, als der Krieg in Europa bereits beendet ist, auf dem Balkan und im Nahen Osten aber noch lange nicht.

Als der am 14. Januar 1896 in Chicago unehelich geborene John Dos Passos in Stambul/Konstantinopel eintrifft, ist er gerade einmal 25 Jahre alt und steht noch ganz am Anfang seines literarischen Lebens, auch wenn er schon wenige Jahre später mit dem Erscheinen seines Romans *Manhattan Transfer* (1925) und vor allem der Trilogie *U.S.A.* (1930–1936) zu Weltruhm gelangen wird. Doch ungeachtet seines jungen Alters und der Tatsache, dass er zum damaligen Zeitpunkt außer zwei kleineren Romanen (*One Man's Initiation: 1917* und *Three Soldiers*) noch nichts veröffentlicht hat, kommen in seiner Reisereportage *Orient-Express,* in der er seine abenteuerliche Reise in die Türkei, den Kaukasus und den Orient (Teheran und Bagdad) schildert, bereits sein stilistisches Können ebenso wie seine Beobachtungsgabe zum Ausdruck – sei es bezüglich der großen Panoramen der Reise, sei es mit Blick auf die Details, die er zum gesellschaftlichen Leben der meisten von ihm durchquerten Länder liefert. Denn er tritt diese Reise nicht als ein »weißes Blatt« an, sondern macht sich mit dem Reiseproviant eines neugierigen Intellektuellen auf den Weg, der zwar über gewisse Vorinformationen verfügen mag, für den jedoch nicht die Menge zusammengesammelter Informationen von Bedeutung ist, sondern die Neugier auf neue Erkenntnisse und die Dankbarkeit gegenüber jedem, der ihm zu diesem Neuen verhilft.

Vielleicht war es die Reise, die er im Alter von 17 Jahren zusammen mit seiner Mutter den Nil hinauf bis an die sudanesische Grenze unternommen hatte, die ihm erste, wenn auch bescheidene Erfahrungen des Orients oder der nichteuropäischen Welt im Allgemeinen vermittelt hatte. Nur schwer lässt sich der Mut vorstellen, den dieser junge amerikanische Intellektuelle nun zeigte, als er sich für die wie in Zickzacklinien verlaufende Route einer Reise entschied, die seinerzeit beinahe unmöglich erschien: von Venedig über den Balkan nach Istanbul, dann mit dem Dampfer über das Schwarze Meer nach Trapezunt und Batum und von dort weiter in einem alten Ford in die georgische Hauptstadt Tiflis, danach durch Städte wie Alexandropol, Eriwan, Nachitschewan, Isfahan-Dschulfa, Täbris, Basmieh, Schibli, Mianeh, Zendjan und von Qazvin bis nach Teheran. Und von dort weiter über Qasr-e Schirin und Chanaqin bis nach Bagdad, um von dort in 37 Tagen mit einer Karawane durch die arabische Wüste nach Damaskus zurückzureisen. Doch unabhängig davon, wie viele Städte Istanbul vorausgegangen sein mögen und in welche Städte ihn seine Reise im weiteren Verlauf noch führen sollte, wer Dos Passos' Bericht über diese »höllische« Reise liest, wird feststellen, dass er in seinem 1927 erschienenen *Orient-Express* beinahe eine Rundreise zu unternehmen scheint, die mit Konstantinopel/Stambul und der Balkanroute beginnt und endet.

Doch was war dieses Istanbul, das er besuchte, für eine Stadt?

Im Juli 1921 trifft Don Passos in der Metropole am Bosporus ein, und seine Beschreibung der Stadt zeugt mit jeder Zeile davon, dass er gekommen ist, um zu beobachten, um aufzuzeichnen, jedoch ohne zu bewerten. So erlaubt er sich, wenn es die Situation erfordert, vielleicht einen Kommentar, wobei dieser immer kurz, knapp und kühl bleiben wird, mitunter nahe an einer spöttischen Karikatur. Dos Passos' Eindrücke aus Stambul, das er als Spielfeld ausländischer Geheimdienste aus allen Ecken und Enden der Welt beschreibt, auf dem die Türken im Vergleich zu den Ausländern geradezu in der Minderheit zu sein scheinen, liefern uns ein Bild von dem zwischen Griechen und Türken tobenden Abnutzungskrieg, von ethnischen Säuberungsaktionen, von einer brachialen Destruktion, die sich auf beiden Seiten der Ägäis vollzieht. Die Historie, die zivilisationsgeschichtliche Monumentalität dieser uralten Stadt, in der beide Völker über Jahrhunderte Seite an Seite und ineinander verschränkt zusammengelebt haben, verleiht dem tragischen Geschehen besonderes Gewicht.

Schon am Tage seiner Ankunft in Istanbul wird der junge Amerikaner mit dem Morden konfrontiert, auch wenn das Todesopfer diesmal weder Türke noch Grieche ist, sondern ein Ausländer. »Im roten Plüschfoyer des Pera Palace herrscht große Aufregung. Ein Mann im Gehrock mit einer schwarzen Pelzmütze auf dem Kopf wird hinausgetragen. Auf dem roten

Plüschsessel ist Blut, auf dem Mosaikfußboden ist Blut. Der Hoteldirektor läuft mit schweißbedeckter Stirn hin und her. Den Fußboden kann man sauberwischen, der Sessel ist ruiniert. Französische, griechische und italienische Gendarmen marschieren umher, reden miteinander, jeder in seiner Sprache. ›Der arme Kerl ist tot, Sir‹, sagt der britische Militärpolizist zu dem Oberst, der nicht weiß, ob er seinen Cocktail austrinken soll oder nicht. Er war der aserbeidschanische Gesandte. Ein Armenier, ein Mann mit Bart, stand in der Tür und schoss auf ihn. Ein Mann mit Brille und glattem Kinn, ein bolschewistischer Spion, trat direkt vor ihn hin und schoss. Der Kellner, der die Drinks serviert, ist verzweifelt. Alle sind gegangen, ohne bezahlt zu haben.«

Eine kühl-lakonische Schilderung, wie sie beispielhaft für Dos Passos' Stil bei der Beschreibung der Stadt ist und die an eine Art »schwarze Komödie« erinnert, uns gleichzeitig aber tiefe Einblicke gewährt, etwa wie die Gefühle der Menschen in einer Stadt abstumpfen, in der das Morden zur Alltagsroutine geworden ist. Was bedeutet schon der Tod eines weiteren Menschen? Zumal in einer Stadt, in der es mehr ausländische Spione als einheimische Bewohner gibt, alles, was geschieht, eine Art Schmierenkomödie sein muss, nicht nur die Ermordung des aserbaidschanischen Gesandten durch die Hand eines Armeniers – scheinbar da ihn die Armenier der Beteiligung an dem Pogrom verdächtigen, das in der aserbaidschanischen Hauptstadt Baku während des Ersten Weltkriegs an der armenischen Bevölkerung verübt wurde. Ja, alles, was der Beobachter John Dos Passos an Begebenheiten schildert, hat den Charakter eines makabren Scherzes, dessen Wurzeln weit in die Geschichte zurückreichen, weit über das hinaus, was sich in jenen Tagen in Istanbul vor seinen Augen abspielt. Es scheint gar, als würde sich die Geschichte fortwährend wiederholen, als seien die Menschen darauf versessen, die Geschichte sich ständig wiederholen zu lassen und den Blick von der Gegenwart abzuwenden, da jede Seite überzeugt ist, die Stadt gehöre ihr allein, während der andere nichts als ein Fremdkörper ist, der abgeschoben oder liquidiert gehört.

Beispiele? »»Warum wollen Sie Türkisch lernen?‹, fragt mich eine junge Griechin mit erstauntem Gesichtsausdruck. ›Sie müssen zu den Griechen halten, Sie sollten kein Türkisch lernen.‹« Plötzlich habe er, als er diese vorwurfsvollen Worte hörte, an die gelben Tische und Stühle unter der großen Platane neben der Bayezid-Moschee drüben in Stambul denken müssen, schreibt John Dos Passos. »An die Tauben und die alten Männer mit Bärten so weiß wie ihre weißen Turbane, ernst nickend in endloser Diskussion, und daran, wie der uralte Bettler, gelb wie zerschlissener Damast, knorrig wie ein absterbender Pflaumenbaum, mich um Feuer von meiner Zigarette bat und dann lächelnd auf das Glas Wasser neben meinem Kaffeetässchen zeigte und wie er sich, nachdem ich ihm das Wasser gereicht hatte, tief herunterbeugen musste, um zu trinken, sein Rücken war ganz krumm. Und an die majestätische Geste, mit der er das Glas wieder hinstellte und sich mit einem Gruß seiner knochig gerippten Hand bedankte. Diese Handbewegung erinnerte an ein schlankes Minarett und den Ruf des Muezzins und die gleichmütigen Augen der alten Türken in weißen Westen, die im Jardin des Taksim so ruhig neben den ausgelassenen Griechen saßen. Es gibt Gründe, Türkisch zu lernen.« Diese Antwort behält John Dos Passos für uns Leser, die junge Griechin belässt er in ihrer Borniertheit.

Der Hass gedeiht auf beiden Seiten, taucht tief in die Geschichte ein und nährt sich an ihr, etwa als ein schmächtiger, kleinwüchsiger Grieche namens Monsieur Moscoupoulos ausruft: »Aber die Türken haben nicht die griechischen Klassiker studiert. Sie sind ungebildet. Nicht einmal die Abgeordneten wissen etwas von Aristophanes oder Homer oder Demosthenes.« Um dann auf Französisch hinzuzusetzen, dass man ohne Kenntnis der griechischen Klassiker weder Politiker noch Redner oder Diplomat sein könne. »›Die Türkei gibt es nicht. Ich versichere Ihnen, Monsieur, es ist eine einzige Räuberbande. Und diese Stadt ...‹, wir sahen aus dem Fenster des Pera Palace auf ein vorbeifahrendes Automobil der Alliierten, ›Sie kennen ja die Legende. Ein Konstantin hat sie gebaut, ein Konstantin hat sie verloren, ein Konstantin wird sie wiedererlangen ...‹«

Und auch auf der anderen Seite bildet die Geschichte das Arsenal für die schwerste Artillerie, die vergiftete Erinnerung. Bei einem Besuch in der Bayezid-Moschee wird Dos Passos, da der Koranleser mit hölzerner Stakkatostimme aus dem Koran liest, von einem der Betenden über den Anlass aufgeklärt. »›Es geht um den Fall von Adrianopel, in jedem Jahr an diesem Tag‹, flüsterte mir der junge Mann mit der grünen Troddel an seinem Gebetskranz auf Französisch ins Ohr. ›Viele dieser Männer kommen aus Adrianopel, sie sind vor den Griechen geflohen ... Sie erinnern sich.‹ Der Koranleser stieg nun schwerfällig hinunter, vorbei an dem magentafarbenen Seidenbehang, und ein größerer Mann mit vollen Lippen und dunklen, geröteten Wangen unter hohlen Augen nahm seinen Platz ein. ›Es wird nun für die Armee in Anatolien gebetet.‹«

In Therapia hingegen, dem noblen Viertel im europäischen Teil Istanbuls, berühmt für seine Villen, Konsulate und ausländischen Botschaften, wo auch die deutsche Botschaft in einem Prachtbau residiert, den man dereinst als Geschenk vom osmanischen Sultan Abdülhamid II. erhielt, sitzt Dos Passos mit seinen griechischen Gastgebern und anderen Gästen auf einer Terrasse, vor sich der grün bewegte Bosporus. Man schaut Engländern in weißem Flanell beim Tennis zu. »Ein heißer stickiger Nachmittag. Heuschrecken schwirrten wie verrückt in den staubigen Zypressen. Männer im Gehrock saßen flüsternd an kleinen Tischen. Monsieur Deinos, der eine Schiffsverbindung von Konstantinopel nach New York einrichten will, saß im lavendelgrauen Leinenanzug zwischen den beiden hochgewachsenen Damen mit unruhigen Augen und affektiert gespitztem Mündchen ... ›Griechenland‹, hob er an, ›wird seinen historischen Auftrag erfüllen ...‹

Ich schlenderte zur Bar. Ein britischer Major mit Vollmondgesicht mixte Alexanders. Ein Mann im Gehrock versuchte, mit dem Mund Oliven aufzufangen, die ein Mitarbeiter einer amerikanischen Hilfsorganisation in die Luft warf. Alle sprachen Englisch, näselndes Oxford-Englisch, Chicagoerisch, Ostküstenamerikanisch, Englisch und Amerikanisch, wie es von Griechen, Armeniern, Franzosen, Italienern gesprochen wird. Nur die nüchterneren Leute in der Ecke sprachen Französisch.

›Der Geheimdienst hat schon wieder eine bolschewistische Verschwörung aufgedeckt ... jawoll. Haben alle Roten eingesammelt und sie in einem morschen Kahn auf dem Schwarzen Meer ausgesetzt.‹ ›Haben nichts Besseres verdient. Undankbares Pack, diese Russen ... Erst evakuieren wir sie aus Odessa und Sebastopol, und dann wollen sie hier Revolution machen. Anführer war eine Frau ... Haben sie in einem Zimmer im Tokatlian erwischt.‹«

Als Dos Passos' Dampfer schließlich sein Ziel erreicht und in der Bucht von Trapezunt vor Anker geht, wollen die Behörden niemanden an Land lassen, weshalb der Autor an Bord bleiben muss. »Es geht das Gerücht, dass an den verbliebenen Griechen und Armeniern Vergeltung geübt wird, also laufe ich das Oberdeck krumm und schief und schaue hinüber zur Stadt, bis mir die Augen fast aus dem Kopf fallen«, kommentiert Dos Passos lakonisch.

Selbst in jenen letzten Momenten seines Aufenthalts in Istanbul/Stambul, ja sogar als der junge Amerikaner schon im Begriff ist, in Trapezunt Kleinasien zu verlassen, bietet sich ihm immer wieder dasselbe Bild: Die Seuche des Hasses verbreitet beständig ihre Erreger; jeder misstraut jedem, der andere erscheint nur noch in der fantasierten Gestalt des Verräters oder Spions. Es ist, als wollte sich die Geschichte auf immer wiederholen, fast als könnte die Balkanroute ihre historische Rolle nur in dieser Form erfüllen: Jahrhundertelang, ja Ewigkeiten leben die Menschen Seite an Seite, doch es bedarf nur einer Irritation, eines Funkens, und sie fangen an, einander umzubringen. Dabei wäre Platz genug für alle. Doch das so Naheliegende wird zur Utopie, solange es dort und bei jeder der kriegführenden Parteien Experten für die Produktion verpesteter Luft und für die Herstellung einer kranken, vergifteten Atmosphäre gibt und Fachleute für Hass allerorten das Geschehen bestimmen. Auf der Balkanroute schwirren sie umher wie die von Dos Passos beschriebenen Heuschrecken um die Zypressen, eine ungleich gefährlichere Art von Heuschrecken jedoch, die die Seuche des Hasses einschleppt und nichts als den Tod bringt.

John Dos Passos' Antwort auf die moderne, technikhörige und engstirnige Welt finden wir vielleicht in seiner melancholischen Feststellung fast schon gegen Ende seiner großen Reise: »Wir brauchen Söhne Homers, die das schrille Getöse der Welt in einen menschlichen Rhythmus bringen und uns die Angst nehmen.« Eine Feststellung, die auf uns heute ebenso zutrifft wie auf die Menschen zu seiner Zeit. Fast ein Jahrhundert ist er alt, dieser Satz, und dennoch faszinierend aktuell, spendet er uns doch den Sauerstoff, den wir zum Atmen brauchen, auf der Balkanroute und an jedem anderen Ort.

Hans Christian Andersen:
Reise als Wahl

Sollten der Orient oder der Süden bei einem Autor aus dem Norden jemals Eindruck hinterlassen haben, dann wohl kaum so deutlich wie im Fall des Dänen Hans Christian Andersen. Der am 2. April 1805 in Odense geborene Autor, der vor allem durch seine Märchen berühmt und zum bekanntesten Schriftsteller Dänemarks geworden war, fing schon früh an, sich für den Orient und dessen fantastische Welten zu interessieren.

Andersens Faszination für den Orient tritt zum ersten Mal in Erscheinung, als zu Weihnachten 1839 sein *Bilderbuch ohne Bilder* erscheint, eine »Gedichtsammlung in Prosa«, wie der Autor selbst es bezeichnet, inspiriert von den *Geschichten aus Tausendundeiner Nacht,* ein »dänischer 1001 Abend«. Zuvor hatte der Autor bereits mehrere Romane und Theaterstücke veröffentlicht sowie eine erste Sammlung von Märchen, darunter vor allem das von der kleinen Meerjungfrau, das Literaturhistorikern als Andersens künstlerischer Initiationspunkt gilt. Doch seine Begeisterung für den Orient, von der wir unter anderem in seinen Tagebüchern erfahren, nährte die Sehnsucht in ihm, seinen Traum von einer Reise dorthin zu realisieren. Zumal da – wie wir ebenfalls aus Andersens Tagebüchern wissen – der Verfasser von »Das hässliche Entlein« insgeheim das Gefühl hegte, eher für ein Leben in der Welt des Nahen und Mittleren Ostens bestimmt zu sein als für eines in der seinen, »der langweiligen deutsch-dänischen Welt«. Dabei will es fast so scheinen, als hätte dieser Ausnahmeliterat früh geahnt, dass seine Reise in den Orient eine Zäsur und eine große Veränderung seines schriftstellerischen wie seines privaten Lebens bedeuten würde.

Ja, das Wissen um die Tragweite und die »Sprengkraft« einer solchen Reise ließ den Autor sich selbst die Frage stellen, ob er diese Fahrt denn tatsächlich unternehmen sollte. Anderenfalls hätte ein Mensch, der wie er das Unterwegssein so sehr liebte, wohl keinen Augenblick gezögert, sich auf den Weg zu machen. Doch auch als der Entschluss einmal gefasst war, sollte er immer wieder ins Hadern verfallen. So lesen wir am 29. März 1841 in seinen Tagebüchern, er sei »im Kampf mit sich selbst«, ob er nach Konstantinopel weiterreisen solle oder nicht. Er befindet sich in Athen, hat bereits mehrere tausend Kilometer hinter sich gebracht und war bisher von Hamburg-Altona durch Deutschland über Italien und schließlich auf der Balkanroute bis nach Griechenland gekommen. Nun lässt ihn sein Wankelmut oder die Furcht vor der Weiterreise den Maler Constantin Hansen aufsuchen, einen seiner Freunde, der sich ebenfalls in Athen aufhält. Glücklicherweise macht er bei Hansen die Bekanntschaft eines gewissen Poppe, der in Konstantinopel gewesen ist und ihn spontan ermutigt, die Reise dorthin fortzuführen. »Ja, Sie müssen fahren.« Am 2. April, seinem 36. Geburtstag, ringt sich der Schriftsteller zu der Entscheidung durch, die Reise ins Osmanische Reich tatsächlich zu unternehmen. Eine Woche später soll er an Bord eines Schiffes steigen, das nach Konstantinopel geht, doch die Pläne zerschlagen sich, weil der Dampfer schon um 4 Uhr Früh ausläuft. Er verweilt weitere drei Wochen im ungeliebten Athen – »Die Griechen sind wohl alle Gauner« –, bis sein Wunsch am 22. April 1841 endlich Wirklichkeit wird und er gemeinsam mit vielen »Griechen und Griechinnen aus Smyrna, die nach Hause wollten« das französische Dampfschiff »Rhamses« besteigt, das um 12 Uhr ablegt.

Wer über die erste Etappe der Schiffspassage liest, wird Andersens Befürchtungen verstehen: Das Schiff rollt, pflügt ächzend durch die Wellen. »Der Seegang wurde immer stärker, die Frauenzimmer jammerten; es war eine schlimme Fahrt, ich fürchtete, es sollte die letzte für mich werden; dachte an die Lieben daheim [...]. Um 6 Uhr ging ich unter Deck, ich konnte nicht aufrecht stehen, alles knackte und krachte, ich war sehr seekrank; da lag ich und dachte an den Tod und an die Heimat.« Anderthalb Stunden später endet sein Martyrium, als der Dampfer in die Bucht von Smyrna – das heutige Izmir – einläuft. »Die See sah grüngelb aus, wie eine Quarantänefahne; Asiens Küsten ähneln denen Siziliens, sind aber viel üppiger«, notiert Andersen seine ersten Eindrücke. Als sein Schiff gegen 9 Uhr endlich vor Anker gegangen ist, begibt er sich mit einem jungen Italiener und einem Franzosen an Land, um die am Fuße eines niedrigen grünen Berges gelegene Stadt zu besichtigen. »Enge Straßen wie in Venedig, eine große Volksmenge; Türkinnen, von denen man nur die Augen und die Nasenspitze sah; Juden mit weißen und schwarzen Turbanen, geformt wie die schwarzirdenen Töpfe aus Jütland; durch die Höfe der Seitenhäuser führte ein Durchgang zum Meer. Die Stadt schien sehr groß zu sein.« Nach kurzem Aufenthalt in einem Café kehrt Andersen zur »Rhamses« zurück, die mittags um halb zwei schließlich nach Konstantinopel ablegt. Noch im Hafenbecken notiert er: »Ein ganzes Boot voller Türkinnen steuerte das türkische Dampfschiff an, sie sahen wie eine römische Leichenprozession aus.« Und auf der Fahrt entlang der asiatischen Küste dann gegen Abend die Entdeckung: »Mytilene. Achills Grabhügel auf der Ebene von Troia!«

Am Sonntag, dem 25. April 1841, erreicht Andersens Schiff endlich Konstantinopel, es folgt eine Reihe glitzernder Betrachtungen, aufgereiht wie Perlen an einer Kette.

»Graues Wetter; Konstantinopel in schlechter Beleuchtung, jedoch ungeheuer groß und phantastisch. Es war ein Paris, zusammengesetzt aus Venedig und Phantasie. Eine prächtige Moschee neben der anderen, hohe dunkle Zypressen (zuerst kam das Gefängnis, wo die Verurteilten geköpft werden). Das Serail hell und schwimmend. Über den Gräbern an Asiens Küste brach die Sonne hervor. Wir lagen zwischen Konstantinopel und Galata vor Anker.« Endlich an Land streift Andersen, nachdem er sich ein »sehr kleines Zimmer« genommen hat, allein durch die Stadt, und schon bald lesen wir durchaus überraschend: »Welch eine Aussicht! Konstantinopel erinnert, von allen Städten, die ich kenne, am meisten an Stockholm.«

Konstantinopel, wie Andersen es schildert, scheint vor Menschen überzuquellen, überall herrscht großes Gedränge, was den Autor ängstlich und »affiziert« werden lässt: »Wie gut, dass die Pest nicht wütet, denn eine Berührung ließe sich unmöglich vermeiden, man gleitet durcheinander wie Aale, die zusammengeknotet sind. – Auf dem Friedhof stehen die Grabsteine so dicht wie die Stoppeln auf einem Acker.« Die Stadt ist bevölkert von Griechen und Türken gleichermaßen, einmal malt uns Andersen aus, wie »man ein junges Griechenmädchen zu Grabe trug«, und ein andermal beschreibt er die großen türkischen Kriegsschiffe, die tief unter ihm im Sund vor Anker liegen. »Türken fuhren auf den schmalen, unebenen Wegen zwischen den Gräbern; die Prachtwagen der Damen wirkten wie aus Kartonpapier, kunstvoll ausgeschnitten und vergoldet. Ochsen, über denen krumme rote Stangen mit vielen herabhängenden roten und dunkelblauen Quasten befestigt waren, zogen große Wagen, in denen gewöhnlich 4–5 Frauenzimmer lagen.«

Eine der schönsten, eindrücklichsten Szenen, die Andersen schildert, ist der Gang zu einem Barbier: »Einem Armenier, die Stube war von rauchenden Griechen, Türken und Armeniern voll.« Tatsächlich, welch eine Stadt! Später, als der Autor eine Wanderung um den Stadtteil Pera herum unternimmt, liegen die Berge hinter Konstantinopel schneebedeckt im warmen, hellen Sonnenschein. In den Straßen sieht er »bulgarische Bauern, der eine tanzt, der andere bläst Dudelsack«. Der von ihm aufgesuchte Schuhmacher jedoch heißt Lange und ist allem Anschein nach Deutscher. Bei seinen Streifzügen durch die Stadt erfährt Andersen dann von Aufruhr in Rumelien, Thessalien und Makedonien, was die von ihm geplante Reise auf der Donau riskant werden lässt. Also unternimmt Andersen weiter ausgiebige Spaziergänge durch die verschiedenen Stadtviertel; »die Türken liegen mit ihren langen Pfeifen im Laden« (womit der Däne gewiss die Wasserpfeifen meint). Auch erblickt er allenthalben »Bettler aus allen Nationen«. Ja, die Stadt begegnet ihm als ein kosmopolitischer Schmelztiegel: »Die Perser laufen herum und verkaufen Shawls, sie tragen spitze, zottige Mützen, die runden der Tscherkessen sind mit Wolle umkränzt, wie das Haar eines Wilden.« Es ist der 3. Mai 1841, ein Montag, und am nächsten Tag soll der Geburtstag des Propheten Mohammed begangen werden, weshalb bereits am Abend alle Minarette illuminiert sind. »Ich ging mit dem Russen Aderhas aus. Die Sonne war verschwunden, die Luft im Westen rot, doch alle Sterne funkelten in der südlichen Luft, der Mond schien hell, und sämtliche kleinen Minarette hatten einen Kranz von Lampen, die großen zwei, die größten drei.« Am hellsten strahlen natürlich die Hagia Sophia und die benachbarte große Moschee, doch die ganze Stadt ist ein Lichtermeer zu Ehren des Geburtstags des Propheten, ja sogar die Kanonenmündungen der großen Kriegsschiffe im Hafen sind mit Lampen behängt. »Der Abend war so mild, es war ein Märchen, die ganze Stadt.« So wandert der Autor in Gesellschaft einer größeren Gruppe durch die Nacht. »Um 9 Uhr schoss man auf allen Schiffen und an der Küste Kanonen ab, dass die Fenster bebten. Schuss auf Schuss.«

Am nächsten Morgen wacht der Autor sehr früh auf, da abermals zu Ehren von Mohammed geschossen wird. Er begibt sich zum Serail, wo er einem preußischen Offizier namens Wendt begegnet, der ihn in die vordersten Höfe des Palastes führen will. Gemeinsam erleben sie den Umzug, in dessen Mitte der 19-jährige Sultan Abdülmecid I. hoch zu Ross durch die Straßen getragen wird. Andersen pinselt die Prozession in seinem Tagebuch in allen Einzelheiten aus, gebannt vom Glanz des Prophetengeburtstages. Später am selben Tag begibt sich der Autor wieder nach Pera, dem nördlichsten Viertel im europäischen Teil Konstantinopels, unterdessen vermelden Briefe aus Kairo und Konstantinopel eine Pestepidemie, die täglich zweihundert Menschen dahinrafft. Doch diese Nachricht quittiert Andersen lakonisch wie eine unwichtige Randnotiz, seine Aufmerksamkeit gilt anderen, schöneren Dingen: »In Pera war ein Lärm, als herrschte dort Aufruhr. Delphine wälzten sich zwischen den Schiffen. Die Sonne ging unter. Pfeilschnell flogen Gondeln mit türkischen Beamten über das Wasser; die nackten, kräftigen Arme der Ruderknechte guckten aus gestrickten, florähnlichen weiten Ärmeln, das sah wie im Märchen aus. Niemand rudert so schön wie die Türken.«

Dem Geburtstag eines großen Feldherrn folgt der Todestag eines anderen: Am Mittwoch, dem 5. Mai 1841,
Napoleons Todestag, lichtet Andersens österreichi-
scher Dampfer, der ihn auf der Donau zurück nach
Wien bringen soll, in Konstantinopel die Anker. Der
Schriftsteller erwacht gegen halb fünf Uhr morgens
durch die Bewegung des auslaufenden Schiffes. Es ist
noch sehr diesig, doch der Nebel hat sich gerade so weit
gehoben, dass man die ganze Küste sieht: »Sie wirkte
wie eine lange Straße zu beiden Seiten, und dahinter
niedrige, bewaldete Berge. Gärten, Städte, Friedhö-
fe wechselten miteinander ab; Laubbäume, hohe Zypressen und blühende Obstbäume; manchmal brach
die Sonne durch, und da erschienen die Kriegsschiffe
als Nebelbilder. Therapia von Wald umschlossen.« Der
trübe Schleier eröffnet den Blick auf längst vergange-
ne Sagenwelten, und wer könnte sich mehr daran la-
ben als Andersen? Als er das in einer Bucht gelegene
Viertel Büjükdereh ausmacht, kommentiert er: »Hier
soll Medea gewesen sein.«

Einen Monat später schließlich trifft er wohlbehalten in Wien ein, geht von Bord des Dampfers, begibt
sich in die Leopoldstadt zum Judenmarkt und eilt
als Erstes zum Postamt. Doch dort erwartet ihn bis
auf einen einzigen Brief keinerlei Sendung, was ihn
resigniert feststellen lässt: »Alles Unerfreuliche der
Heimat erfüllte mich; ich spürte diese deutsch-däni-

sche Luft, wünschte, ich wäre im Orient gestorben. [...] Schlechtgelaunt ging ich zu Bett.«

Trotz ihrer Erzähllust präsentieren die Tagebuchaufzeichnungen seiner Orientreise Hans Christian Andersen weniger als erstklassigen Märchenautor, sondern zeigen ihn vielmehr als Reiseerzähler von scharfer und zugleich sensibler Beobachtungsgabe, der, überwältigt von der faszinierenden Stadt Konstantinopel – bzw. dem türkischen Istanbul –, seine Impressionen voller Erstaunen niederschreibt. Und er hat nicht ganz unrecht, als er sich nach der Rückkehr von seiner Reise überzeugt zeigt, es habe zum damaligen Zeitpunkt kein Buch gegeben, das ein authentisches Bild von Griechenland und von dem im Orient Beobachteten lieferte, da das Gesehene allein ihm vorbehalten war und von niemand anderem hätte erzählt werden können. Dabei steht fest, dass Andersen nicht in den Orient und insbesondere nach Konstantinopel reiste, um dort nach neuen Motiven für seine Sagen und märchenhaften Erzählungen zu suchen, so sagenhaft seine Berichte auch scheinen mögen. Nein, Hans Christian Andersen macht sich auf den Weg –und jedes Wort, das wir in seinen Tagebuchaufzeichnungen lesen, bringt sein verzücktes Erstaunen zum Ausdruck –, um eine Reise in die Jahre seiner Kindheit zu unternehmen, eine Kindheit, in der sein Vater ihm aus den *Geschichten aus Tausendundeiner Nacht* vorgelesen hatte, woraufhin ihn der Prunk, die Grandezza und die Geschichte des Orients nicht mehr losließen.

Für einige Literaturhistoriker, die sich auf Andersens Werk spezialisiert haben, ist unklar, inwieweit diese Reise Einfluss auf seine in der Folgezeit entstandenen Kunstmärchen hatte. Denn unmittelbar nach seiner Rückkehr schuf Andersen u. a. »Das hässliche Entlein«, »Die Schneekönigin« und »Der Schweinehirte«. Eine vertiefende Lektüre dieser Texte indes zeigt uns, dass der Autor seinen literarischen Still und seine Erzähltechnik sukzessive merklich verändert. Während sich das Kunstmärchen »Der Schweinehirte« eher der auch von Andersen bis dahin bevorzugten traditionellen Erzähltechnik bedient, ein Thema auf einer bereits existierenden volkstümlichen Tradition oder Sage basieren zu lassen, macht sich in den beiden anderen Erzählungen ein neuer, schöpferischer Ansatz geltend. Und selbst wenn tatsächlich nicht nachzuweisen wäre, in welchem Umfang diese Reise das Werk des Autors beeinflusst hat, lässt sich zumindest sicher sagen, dass sie – selbst wenn sie, was unwahrscheinlich anmutet, ohne Einfluss auf das persönliche Leben, die Weltsicht und das literarische Schaffen Hans Christian Andersens geblieben sein sollte – den Autor zumindest dahingehend bestätigt hat, dass der eingeschlagene Weg – das Schreiben fantastischer Literatur – der richtige war. Sein Schaffensreichtum und die Fülle von Kunstmärchen und magischen Erzählungen, die nach seiner Rückkehr aus dem Orient entstehen, sind der beste Beleg hierfür.

Die Balkanroute –
zwei außergewöhnliche Reisen

Die erste Reise

*Idomeni – Auswanderergeschichten und
geschlachtete Träume an der Grenze*

Die Kleinstadt Polikastro, in der zentralmakedoni-
schen Präfektur Kilkis im Norden Griechenlands gelegen, hatte bis vor Kurzem noch um ihren Platz auf
der Landkarte zu kämpfen, da sie das Los aller Pro-
vinzstädte teilte: Die jungen Leute suchten möglichst
schnell ihr Heil in der Flucht in Richtung florierender
Regionen, denn es fehlte an Jobangeboten; Reisende
verirren sich selten dorthin. Bis auf den Militärfried-
hof für die im Zweiten Weltkrieg gefallenen britischen
Soldaten, der wie alle anderen Militärfriedhöfe des
Vereinten Königreichs auf der ganzen Welt auch an
einen eleganten englischen Garten erinnert, hatte das
Städtchen nichts, was es zu einer Attraktion für Besu-
cher hätte machen können. Dies zumindest war der
Stand der Dinge, bis die Republik Mazedonien ihre
Grenze zu Griechenland für Flüchtlinge auf ihrem
Weg nach Nordeuropa hermetisch abriegelte. Idome-

ni, an der Grenze zwischen Griechenland und Mazedonien, ist ein Dorf mit rund dreihundert Einwohnern,
von denen die meisten in der Landwirtschaft arbeiten.
Zurzeit besteht von dort keine direkte Verbindung
mehr zu den übrigen Städten Griechenlands, jetzt, da
der Zugverkehr, der Idomeni anbindet, eingestellt ist,
nachdem die Flüchtlinge ihre Zelte auf den Schienen
errichtet haben. Wer etwas mit dem Flüchtlingslager in Idomeni zu tun hat, von Berufs wegen oder als
Besucher, muss sich aufgrund der spärlichen Wohn-
möglichkeiten eine andere Unterkunft suchen, und
welcher Ort käme dafür eher infrage als das Städtchen
Polikastro, das nur 12 Kilometer von Idomeni entfernt
liegt?

Polikastro war auch meine erste Station. Um leich-
ter in das Lager zu gelangen und dort Freiwilligenar-
beit, vor allem Übersetzungsdienste, zu leisten, hatte
ich überlegt, es sei am besten, mir ein Hotelzimmer in
Polikastro zu nehmen. Doch zu meiner Überraschung
musste ich erfahren, dass sämtliche Hotels in Polikastro bis Ende April ausgebucht, beziehungsweise schon
für Mai vorreserviert waren. Sogar die Privathäuser,
die über Nacht zu Pensionen geworden sind, waren
alle belegt. Die Fünf-Sterne-Residenz Parc Hotel,
Hauptquartier mehrerer UN-Organisationen und
der meisten Nichtregierungsorganisationen hier, hat
ihren Garten, Parkplätze und die Auffahrt vermietet,

um dort Campingzelte aufzustellen. Was für ein Gegensatz: Dort das Camp in Idomeni mit Flüchtlingen aus aller Herren Länder und hier das Camp von Mitarbeitern gemeinnütziger Organisationen, junge Frauen und Männer, die sich aus allen Teilen der Welt im Garten des Parc Hotels eingefunden haben. Im ersten Camp, dem der Flüchtlinge, träumt man davon, die Grenze nach Mazedonien endlich passieren zu können und die Traumgefilde zu erreichen, das Paradies Nordeuropa. Niemand dort denkt daran, in Griechenland zu bleiben und ebenso wenig in Ost- oder Südeuropa. Dagegen das Camp der Wohlstandskinder, die gekommen sind, um Solidarität mit den Elenden zu zeigen und Hilfe zu leisten. Die einen sind verzweifelt, leben nur von der Hoffnung einer Öffnung der Grenze, fürchten die Nachricht, sie müssten zurück in die Türkei und von dort weiter in ihre Herkunftsländer, von denen ihnen nicht mehr geblieben ist als nur der Name, während die anderen wissen, dass sie nach einigen Tagen oder Wochen in ihre Heimat zurückkehren werden. Für sie sind der Dreck und das Elend, das Leben unter unmenschlichen Bedingungen nicht mehr als ein Ausnahmezustand, eine Erfahrung im Leben, über die sie Zuhause stolz erzählen werden. Doch wann und wie sie Griechenland verlassen werden, entscheiden allein sie selbst. Letztlich sind sie hier, um das Leid zu verwalten.

Die Menschen in Polikastro wissen das. Der Besitzer des Hotel Astro, der fließend Deutsch spricht, erzählt mir spöttisch lächelnd: »Selbst in der Hochsaison im Sommer haben wir meistens nur zwei Zimmer vermietet bekommen. Aber heute«, und er deutet mit der Hand auf den kleinen Ort, »finden Sie nicht ein freies Zimmer mehr.« Ja, er überlege schon, noch schnell ein Stockwerk draufzusetzen. »Wer hätte das gedacht?«, bemerkt er süffisant.

Niemand weiß, wann die griechischen Behörden das Lager Idomeni schließen werden, doch einige Stadtbewohner machen kaum einen Hehl aus ihrer Hoffnung, das Lager möge dauerhaft bestehen bleiben. So hoffen die einen auf eine Öffnung der Grenze und ein Ende der Heimsuchung, und die anderen, die von der Situation profitieren, spekulieren auf die Fortsetzung goldener Zeiten im Schatten geschlossener Tore. Zu Letzteren gehören die Betreiber der kleinen Restaurants, wo alle Tische immer besetzt sind von Mitarbeitern der Hilfsorganisationen oder Flüchtlingen, die zu Fuß aus zwei anderen kleineren, nur etwa 4 Kilometer von Polikastro gelegenen Lagern kommen. Wer hier nicht sitzt, um etwas zu essen, ist wegen des Internets da. Bis vor zwei Monaten war das traditionelle, mit Schweinefleisch zubereitete Gyrossandwich das unangefochten beliebteste Fastfood-Gericht in der Stadt. Heute bieten die Restaurants vor allem Döner Kebab aus Geflügel-,

Kalb- oder Lammfleisch an. Und die Läden sind dazu übergegangen, ihre Waren auf Arabisch feilzubieten, etwa »ein Mittel, um Schlangen zu töten«. Denn die Hitze kommt, und jeden Tag müssen die Flüchtlinge mehrere große Schlangen erlegen. Immerzu wird das Sortiment mit neuen Artikeln ergänzt, die ganz auf die Bedürfnisse der Flüchtlinge zugeschnitten sind, Antibiotika zum Beispiel und andere Medikamente, welche die Mitarbeiter von Ärzte ohne Grenzen und anderer Gesundheitsorganisationen nicht ohne Weiteres herausgeben. Flüchtlinge jedoch, die fest entschlossen sind, diese Arzneien zu bekommen, können in den wenigen Apotheken Polikastros davon kaufen, soviel sie wollen. Auch Milchpulver ist gefragt. Die Supermärkte sind gut besucht, ein an der Schnellstraße gelegener Lidl ist von eindrucksvoller Größe, die davor geparkten Fahrzeuge der Nichtregierungs- und Hilfsorganisationen gehören der Stammkundschaft. Denn auch die für die Hilfsorganisationen arbeitenden Menschen träumen insgeheim davon, dass das Lager bestehen bleibt, insbesondere die Griechen unter ihnen, die bis vor Kurzem noch arbeitslos waren.

Matina Naka zum Beispiel, Mitte dreißig, hat gerade erst einen Anstellungsvertrag erhalten. Bis Ende Juni, wie sie mich wissen lässt. Matina lernt seit kurzem Englisch. Ich habe sie über einen griechischen Freund bei einer Theateraufführung in Saloniki kennengelernt. Matina schien sehr glücklich über die Gelegenheit, endlich wieder zu arbeiten, und feierte in jener Nacht ausgiebig und trinkfreudig ihren neuen Job, und ich befürchtete schon, sie würde mich in ihrem kleinen Wagen zurück ins Stadtzentrum chauffieren wollen. Ihre Lehrerin, die mit ihr zusammen die Aufführung besuchte, eine Dame von Ende vierzig, wirkte ebenfalls glücklich, da vermehrt Schülerinnen und Schüler aus Saloniki die Englischkurse ihrer Sprachschule besuchen, um dann im Flüchtlingslager zu arbeiten. Ganz so, als würde es dieses für immer geben. Adam, ein kauziger Ire, der in einer Großküche arbeitet, die jeden Tag die Flüchtlinge mit Essen versorgt, meint, wenn es nach ihm ginge, würde Irland seine Grenzen ebenfalls für Flüchtlinge öffnen. »Wir sind käsebleich und hässlich«, erklärt er ironisch. »Wir könnten schwarze Augen und ein bisschen dunklen Teint gebrauchen, um das Land schöner zu machen.« Adam hat bis Ende August einen Arbeitsvertrag in Idomeni. Und sogar die Kirche hofft darauf, das Lager möge bestehen bleiben. Der örtliche Patriarch besucht die Zeltstadt in regelmäßigen Abständen, um Christen mit einer Bürgschaft der griechisch-orthodoxen Kirche von dort herauszuholen. Anfangs nur orthodoxe Christen. Doch da deren Zahl gering ist, und damit es nicht heißt, die Kirche mache einen Unterschied zwischen den verschiedenen christlichen Konfessionen, ist man dazu übergegangen, alle Christen aus dem Lager auszulösen. Die aus der Not befreiten Familien leben nun unter deutlich besseren Konditionen in den Klöstern der näheren Umgebung. »Jetzt weiß ich um meinen Wert als Mensch«, sagt mir Lilian, eine irakische Christin aus Bagdad, die sich mit ihrem gerade zwanzig Jahre alt gewordenen Sohn auf die Flucht begeben hat. Er ist Automechaniker, hat in Bagdad aber keine Schule besucht. »Ich habe alle Kriege im Irak erlebt«, sagt Lilian, »aber das Leben im Lager war schlimmer als alle Kriege.«

Frauen, die um ihre Schönheit trauern

Nicht nur Lilian sagt dies, auch von den Syrerinnen sind solche und ähnliche Sätze zu hören. Einige von ihnen verlangen von mir, ich solle einen Blick auf ihr Mobiltelefon werfen. »Guck dir mein Foto an, ich bitte dich. Und meine Frisur?«, fragt mich Zahida, die ihre kleine Tochter auf dem Arm hält. »Wie alt schätzt du mich?« Vielleicht ist sie Ende dreißig, vielleicht auch jünger. Unwichtig. Das Einzige, was feststeht, ist, dass die zurückliegenden zwei Monate im Lager für sie und ihre Leidensgenossinnen eine Qual gewesen sind. »Geht es hier etwa jemandem schlechter als einer Mutter? Die nichts für ihre Kinder bekommen kann?«, meint Tamara zu mir, eine Kurdin von Mitte vierzig vielleicht, deren Gesicht das einer alten Frau ist. Das Elend, der Schmutz und fehlender Schlaf sind auf den Gesichtern der Frauen allgegenwärtig. Falten haben sich eingegraben, auch auf den Gesichtern derjenigen, die keine Kinder haben.

Shahira zum Beispiel, die aus der südwestlich von Damaskus gelegenen Region Ghouta stammt. Ihr Gesicht ist schmutzig, staubig, ihr Haar struppig, und sie raucht eine Zigarette nach der nächsten. Sie hätte wohl nie geglaubt, dass sie mich in diesem vor Dreck starrenden Lager unter menschenunwürdigen Bedingungen wiedertreffen würde, ebenso wenig wie ich mir je hätte ausmalen können, ihr in einem von spanischen Ärztinnen aus dem andalusischen Huelva geleiteten medizinischen Zentrum wiederzubegegnen. Ich stand gerade mit Doktorin Theresa zusammen und übersetzte für sie eine Broschüre aus dem Spanischen ins Arabische, mit der junge Mütter über die Pflege ihrer Kinder und die für sie nötige Menge Milch unterrichtet werden sollen, als Anna, eine andere spanische Ärztin, auftauchte und mich bat, ich möge zwischen ihr und einer Kranken namens Shahira übersetzen. Und beide Ärztinnen verstanden nicht, was Shahiras Schrei zu bedeuten hatte, als sie meinen Namen hörte: »Großer Gott, ausgerechnet hier treffe ich dich?« Es war einer dieser Augenblicke, in denen die Welt zum Stillstand kommt und an einem einzigen Punkt ver-

140

harrt, da alles, was wir vergessen hatten, wieder gegenwärtig wird und plötzlich die Vergangenheit aus dem Tal des Vergessen wieder auftaucht. Ich hatte Shahira bei meiner ersten Reise nach Damaskus als Tourist im Jahre 1983 kennengelernt, zu einer Zeit, in der eine ganze Reihe irakischer Schriftsteller und Künstler meiner Generation in der syrischen Metropole im Exil lebten. Niemals werde ich die wundervollen Abende vergessen, die ich auf jener kurzen Reise im Hause ihres Vaters erleben durfte, des Schriftstellers Mustafa al-Mauli. Wie wir Wein tranken und diejenigen von uns, die ein Instrument spielten, gemeinsam musizierten. Shahira, die damals vielleicht sieben oder acht war, mit zwei hübschen Zöpfen und großen schwarzen Augen, tanzte und sang mit kindlicher Stimme dazu. Und heute? »Unser Zuhause ist zerstört, mein Lieber«, sagt sie mir. »Vater ist gelähmt, und das Haus in Ghouta wurde bombardiert.« Nachdem wir Erinnerungen ausgetauscht haben und von der Zerstörung erzählt worden ist, möchte Shahira einen Rat von mir, kein Geld und kein Geschenk. Ich solle ihr nur sagen, was sie tun soll. »Kehre zurück oder beantrage hier in Griechenland Asyl«, antworte ich. Doch, fragt sie, wie soll das gehen? Denn der einzige Weg, hier Asyl zu beantragen, laufe über Skype. Neun griechische Beamte seien über Skype mit der Aufnahme von Asylanträgen beschäftigt, wie sie erfahren habe, viel zu wenig angesichts von Tausenden von Flüchtlingen. Die Leitung ist andauernd besetzt und die Formulare, die sie ausfüllen müssen, richten das Nervenkostüm zugrunde, die meisten seien auf Griechisch oder Englisch. Aber eben nicht auf Arabisch, wie sie gehofft hatten. Eine entwürdigende Situation sei das. Ich bin ratlos, was ich darauf erwidern kann. Soll sie etwa vollkommen verzweifeln, sich in ihr Schicksal ergeben?

Wer ersetzt das Verlustgefühl bei Shahira und den anderen Frauen?

Doch was ist mit den Kindern? Sind nicht auch sie Verlierer? »Mama Merkel«, so nennen die Kinder die Kanzlerin hier. »Du kommst von Mama Merkel«, rufen sie und drängen sich um mich, nachdem die Nachricht die Runde gemacht hat, ein Araber sei aus Deutschland eingetroffen. In meiner Verwirrung weiß ich nicht, ob einer die Kinder zu mir geschickt hat, damit sie einen hören, der Arabisch spricht und aus Deutschland kommt, oder ob die Kinder aus eigenem Antrieb gelaufen kommen. »Hat dich Mama Merkel zu uns geschickt?«, fragen sie mich. Kinder sind erstaunlich, denke ich. In jenem Augenblick kommt mir Andrea in den Sinn, der Junge in Brechts Stück *Das Leben des Galilei,* der Galileo täglich die Milch bringt und ihm dabei Tag für Tag bei seinen Berechnungen und

Sternenbeobachtungen zusieht, bis er irgendwann eine provozierende, arglos kindliche Frage stellt, woraufhin Galileo entdeckt, dass die Welt eine Kugel ist. Und ich? Was habe ich entdeckt? Dass die einzige Frau, die die Herzen aller Kinder hier erobert hat, Angela Merkel ist, eine über Sechzigjährige ohne eigene Kinder; eine Frau, die die Kinder ihren leiblichen Müttern abspenstig macht und sie dazu bringt, nur noch von einer einzigen Mutter zu träumen, von »Mama Merkel«. Sie verlieren aus dem Blick, dass die Mutter, die stundenlang im Freien ansteht, von acht Uhr morgens bis elf Uhr am Mittag, nur um eine Nummer zu ziehen, die ihnen erlaubt, sich in dem von den Spaniern errichteten Zelt zu waschen, und ihnen hinterher neue, saubere Sachen anzieht, dass diese Mutter traurig und bekümmert ist, krank und entkräftet. Eine Mutter, die jeden Tag ihr Blut lässt, mit oder ohne Monatsblutung, diese Mutter, in deren Körper sich all die Viren eingenistet haben, die der Schmutz zuhauf mitbringt, deren Scheide entzündet ist, deren Urin brennt, deren Anus immerzu juckt und sie quält. (Um nicht von den Fällen zu sprechen, in denen die Monatsblutung schon seit zwei Monaten ausgeblieben ist. Alle diese Krankheiten eben, von denen die Frauen mir berichten, damit ich es der spanischen Ärztin übersetze. Und das, obwohl ich ein Mann bin. Aber es hilft nichts. Die einzige Übersetzerin, die hier Arabisch kann, ist erkrankt, und über Krankheiten zu sprechen, ist keine Schande.) Diese Mutter also, die sich immerzu fragt, wie sie ihre Qual aufteilen soll zwischen der Sorge um sich selbst und der Fürsorge für ihr Kind, bekommt ihre Mühen nicht vergolten, denn eine andere Mutter hat das Herz des Kindes erobert: »Mama Merkel, die gute Mutter«. So schwärmen sie von ihr, ohne zu wissen, dass diese kinderlose Mutter ihre Klagen nicht hören wird und sich für ihren Fall nur so weit interessiert, wie die Sorge oder Nichtsorge sich mit ihrem Machterhalt vereinbaren lässt. Doch warum sollte ich diese Kinder enttäuschen? Ich hole lieber die Süßigkeiten heraus, die ich in meinem Rucksack habe, und sage ihnen mit gebrochener Stimme: »Diese Süßigkeiten hat mir Mama Merkel für euch mitgegeben.« Wie groß ist das Erstaunen der Kinder. Einige wollen Mama Merkel einen Gruß zurückschicken, verlangen von mir, ich solle für sie mitnehmen, was sie gemalt haben, schöne bunte Zeichnungen und Träume, einige längst zerstört, andere noch am Leben.

Nicht nur die Kinder träumen.
Auch die jungen Männer tun es

Der junge Bartträger hat, wie ich von ihm erfahre, gerade sein 23. Lebensjahr vollendet, ist also in genau dem Alter, in dem ich vor vielen Jahren nach Deutschland gekommen bin, um Germanistik zu studieren. Er wirkt ruhig und beherrscht, erträgt geduldig die Kommentare seiner drei syrischen Kameraden über seinen »IS-Bart«, wie sie sagen. Der junge Mann wartet, bis alle aufgehört haben zu lachen, und wendet sich dann an mich: »Sie haben mich noch gar nicht gefragt, in welches Land ich möchte.« Ich antworte ruhig: »Gibt es den hier ein anderes Land, in das ihr Syrer wollt, als Deutschland?« »Da irren Sie«, erwidert er. »Dorthin wollten meine Freunde und ich anfangs auch, aber inzwischen möchte ich sie überreden, den Kompass neu auszurichten.« Dieser Satz und das Schweigen seiner Kameraden weckt mit einem Mal meine Neugier, doch noch ehe er fortfahren kann, höre ich einen seiner Freunde sagen, er wolle sie überreden, nach Brüssel zu gehen, in die »belgische Hauptstadt«. Und das mit seinem »IS-Bart«, wie sie scherzend kommentieren. Sie hätten sich die Bärte abrasiert, erklären sie mir, einer von ihnen habe nur seinen Unterkieferbart und den Hals unrasiert gelassen – ihr Freund mit seinem langen Bart würde bestimmt die Blicke auf sie lenken, sodass sie am Ende noch unter dem Verdacht des Terrorismus festgenommen würden. Sie würden nur nach Brüssel gehen, wenn er bereit wäre, seinen Bart abzurasieren, zumindest alles bis auf ein »Leckbärtchen«, so ihre Bezeichnung für einen Kinnbart, wie er Leo Trotzki schmückte. Als ich mich nach dem

Sinn dieser Bezeichnung erkundige, schallt es mir entgegen: »Na, weil er zum Lecken der Muschi taugt, natürlich!« Doch ihr Kompagnon ist nicht einverstanden und sagt mir, er sei fest entschlossen, es gerade mit seinem langen Bart bis nach Brüssel zu schaffen, um den Belgiern klarzumachen, dass nicht jeder mit einer solchen Haarpracht zum »Islamischen Staat« gehöre und ein Terrorist sei. Ja, für ihn sei das inzwischen so etwas wie eine Wette: Er werde seinen Bart immer länger wachsen lassen, bis die Grenzen geöffnet würden und er sein Ziel verwirklichen und nach Brüssel reisen könne. Und wenn er dann die Belgier davon überzeugt hätte, dass er kein Terrorist ist, und eine Aufenthaltserlaubnis bekäme, würde er sich den Bart komplett abrasieren.

Und die Alten?

Abu Muhammad, der Dorfälteste, so der Titel, den er auch hier im Lager trägt, ist ein Mann von Mitte sechzig, aus dessen Gesicht die Auszehrung spricht. Drei junge Männer führen mich zu ihm, zwei Syrer und ein Iraker. »Sie müssen mit Abu Muhammad sprechen«, haben sie gemeint. Die Krankheit zwingt ihn sitzen zu bleiben. Auch um sein Sehvermögen ist es nicht mehr gut bestellt. Dennoch will er sich erheben, um mich zu begrüßen. Die Krankheiten und Gebrechen, die ihn heimsuchen, füllen ein halbes Medizinlehrbuch: der Zucker, die Bandscheibe, die Gelenke, das Herz. Sein Gesicht ist hager und blass, und die Kraft reicht nicht einmal mehr, um sich anzustellen und Hilfsleistungen und Dinge des täglichen Bedarfs in Empfang zu nehmen. Aber seine Rolle will Abu Muhammad nicht aufgeben, die des Weisen des Lagers: Wer einen Rat braucht, eine Lösung für ein Problem, kommt zu Abu Muhammad. Ich aber sei ja Journalist, also verlangt er von mir, ich solle aufschreiben, was er mir sagt: »Die ausländischen Journalisten sind hier bei uns bloß herumgelaufen und haben Fotos gemacht, und wenn sie etwas gesagt haben, dann nur auf Englisch, sodass wir kein Wort verstehen konnten.« Aber was mich angeht, ich müsse alles aufschreiben. »Schreib«, verlangt er und verfolgt die Bewegung meiner Hände. Also schreibe ich. »Schreib, dass alle jungen Männer hier vor dem Wehrdienst geflohen sind. Will der Westen sie tatsächlich nach Syrien und in den Irak zurückschicken? Warum sollten sie zurückkehren, wenn sie doch nichts besitzen? Sie würden zum Töten zurückkehren, wären eine leichte Beute für jeden, der sie fürs Töten bezahlt.« Doch damit nicht genug. »Schreib, Abu Muhammad muss in Deutschland mit einem weisen Politiker zusammentreffen.« Und warum das, frage ich ihn. Um diesem zu sagen, erklärt er mir, dass auch sie ihre Schuld anerkennen müssen, denn ohne den Waffenhandel würde es bei ihnen all diese Milizen nicht geben, all diese Kriege. »Denn der weise Politiker muss sein Volk retten, muss die Wahrheit sagen.« Und die Wahrheit, so Abu Muhammad, ist, dass »der Terror, der Europa erfasst hat, in Zusammenhang steht mit dem Waffenhandel«. Westliche Waffen seien überall und an allen Fronten im Einsatz. »Wie können wir über den Terror sprechen und zum Handel mit den Waffen schweigen, die der Terror doch verwendet, um Menschen zu töten? Die Waffen werden frei verkauft und überall hintransportiert, doch ihr Ursprungsort ist Europa.« Das ist die Wahrheit, die Abu Muhammad übermitteln möchte, und seit seiner Ankunft in Europa träumt er davon, einen »weisen Politiker« zu treffen, der den Mut hat, dies offen auszusprechen. »Um zumindest sein eigenes Volk von der Schuld reinzuwaschen.« Wie also könnte ich wagen, von ihm zu verlangen, er solle seinen Traum vergessen und dorthin zurückkehren, woher er gekommen ist?

Alle träumen, seit die Grenzen geschlossen sind

Alle träumen. Und warum auch nicht? Die Gründe, die sie bewogen haben, sich in dieses Abenteuer zu stürzen, sind unwichtig, egal ob ihre Häuser in den Kriegsgebieten fortwährender Bombardierung ausgesetzt waren, manche von ihnen politisch verfolgt worden sind oder aber einfach in ihrer Naivität daran geglaubt haben, wie leicht es sei, in die Traumländer Nordeuropas zu gelangen, vor allem ins Merkel-Deutschland. Die meisten ihrer Erzählungen kreisen um die Versprechungen, die ihnen die Schmuggler und Fluchthelfer gemacht haben: 3000 Euro würde jeder sofort bei der Ankunft in Deutschland erhalten, dazu eine Wohnung, Auto und einen Job. Auch die deutsche Staatsangehörigkeit würden sie nach nur drei Monaten bekommen. (Je größer die Versprechen der Schmuggler, desto höher der Preis für die Flucht!)

Doch ob sie nun zu Recht sich auf den Weg gemacht haben oder nicht, ist vollkommen unwichtig. Denn wer hätte das Recht, einen Mensch daran zu hindern zu träumen? »Derjenige unter euch, der keine Träume hat, möge den ersten Stein auf den werfen, der träumt!« Ein Imperativ, der eigentlich zum elften Gebot erhoben werden müsste. Die Gründe, die sie veranlasst haben, die Länder hinter sich zu lassen, die bis zu jenem Tag ihre Heimat waren, sind allesamt zweitrangig. Die Menschen, die im Lager von Idomeni festsitzen und deren Zahl um die 12 000 schwankt (einige verlassen täglich das Lager, während andere dort eintreffen), sind die einzigen, die durch dessen Fortbestand zu Verlierern werden. Am Ende werden alle von der Existenz des Lagers in Idomeni und der Anwesenheit der Flüchtlinge dort profitiert haben, die

Griechen und die Makedonier genauso wie die Vereinten Nationen, die Menschenrechtsorganisationen und Hilfswerke, alle bis auf die Flüchtlinge selbst. Was ihnen nach der Aufgabe ihres Besitzes in der Heimat und nach der Bezahlung von Unsummen an die Schmuggler an Ersparnissen noch geblieben ist, geben sie aus, um auf dem Schwarzmarkt der kleinen Kioske, die überall im Lager wie Pilze aus dem Boden geschossen sind, Dinge des täglichen Bedarfs zu kaufen. Und sollten sie irgendwann verzweifeln und die Hoffnung auf eine Öffnung der Grenze verlieren, werden sie den Schmugglern, die ihnen jetzt ein neues Angebot unterbreiten und eine Flucht per Flugzeug vom Flughafen Athen aus versprechen, 3000 Euro zahlen – der augenblickliche Tarif für einen Flug nach Wien! Alles, was ihnen jetzt noch geblieben ist, ist eine Handvoll Geschichten. Und sie sind glücklich, jemanden zu finden, der ihnen zuhört. Ein erstaunlicher Umstand! Kaum, dass man einem von ihnen ein offenes Ohr leiht, fängt er an zu erzählen. Dabei ist es unwichtig, ob diese Abenteuergeschichten alle wahr sind oder manche davon erfunden sein mögen, Erzählungen von in der Weltgeschichte Ertrinkenden, die in ihren Schlauchbooten ja zumindest tatsächlich die Ägäis von Izmir aus überquert haben, bis sie bei einer griechischen Insel angelangt waren, die sie nicht einmal dem Namen nach kannten. Doch wie schwer und gefährlich die

Überfahrt auch gewesen sein mag und sich im Erzählen davon auch Dichtung und Wahrheit, Einbildung und Realität vermischen, bringen diese Geschichten eines klar zum Ausdruck: ihren festen Wunsch, diese Heimsuchung zu überstehen. Darin besteht die einzige Wahrheit, die von ihren Gesichtern abzulesen ist. Denn was diese Menschen auch erzählen und wie verzweifelt sie erscheinen mögen, vor allem sind sie glücklich, am Leben zu sein, nachdem sie das Meer überquert haben und dabei beinahe umgekommen sind. Daher ist es letztlich unwichtig, ob andere von ihrem Elend profitieren, Regierungen und Organisationen daraus Gewinn schlagen, denn das Einzige, was zählt, ist, dass sie hier sind und am Leben. Und egal, wie viel Zeit vergehen wird: Sie werden weiter davon träumen, diese Odyssee durch die Katastrophe eines Tages überstanden zu haben. Ihr Proviant sind die Geschichten, die sie besitzen, und die Freude, wenn einer ihnen Zeit zum Zuhören schenkt.

Die zweite Reise

Ein Besuch auf der Gefängnisinsel –
der letzten Bastion Europas
Lesbos / Thessaloniki / Idomeni / Polikastro

Wie soll man sie bezeichnen? Gefängnisinsel? Guantánamo? Oder einfach: Lesbos? So hat die Insel ja immer geheißen, zumindest bis zum letzten Jahr, dem Jahr, in dem sie zum Mekka unzähliger Flüchtlinge wurde, zu dem Fleckchen Erde, auf das sie als Erstes ihren Fuß setzen, unterwegs in die verheißenen Länder Europas. Ich weiß nicht, welchen Namen ich der Insel geben soll. Ich weiß nur, dass diese Insel, die letzte Bastion, die Europa – ungefähr eine Stunde mit der Fähre – von Asien trennt, nichts mehr mit dem Bild von Lesbos zu tun hat, das in der Vergangenheit existiert haben mag. Dass sie alles, nur keine natürliche Insel mehr ist, seit sie zu einer erzwungenen Transitstation für all jene Gestrandeten geworden ist, die auf das Kommen eines Morgen warten, auf das nichts hindeutet.

Es gibt keine offizielle Statistik zur Zahl der Flüchtlinge, die sich auf der Insel befinden; allerdings nicht, weil sich deren Zahl in den beiden auf der Insel eingerichteten Lagern durch Fluktuation ständig veränderte, sondern weil diese, wie die allermeisten der Lager, welche die in Griechenland hängengebliebenen Flüchtlinge aufgenommen haben, inzwischen unter der Aufsicht des griechischen Militärs stehen. Und selbstverständlich unterliegt alles, was in die Zuständigkeit der Armee fällt, militärischer Geheimhaltung. Ohne offizielle Erlaubnis eines für die Organisation der Flüchtlingsbelange im Zentrum der Inselhauptstadt Mytilini eigens eingerichteten Büros ist niemand, egal ob mit Journalistenausweis oder nicht, befugt, sich den beiden Lagern auch nur zu nähern. Eine missliche Lage für jeden, der die Lager besuchen möchte, um mit den Menschen dort zu sprechen und Fotos zu machen.

Fotografieren verboten, verkünden die Schilder, die den Besucher auf Lesbos am Eingang zu den Lagern Moria und Kara Tepe begrüßen. Und auch vor den anderen, in der Nähe von Thessaloniki und Polikastro gelegenen Lagern ist dies der Fall. Wirklich große Schilder sind das, die mich an die Verordnungen während der Tage der Militärherrschaft in unseren arabischen Heimatländern erinnern, die groß mit »Verboten ist ...« überschrieben waren. Denn wir sollten nicht vergessen, Militärs sind und bleiben Militärs, egal wo auf der Welt. Und die Erinnerungen, welche das griechische Militär seinem Land hinterlassen hat, gehörten bekanntlich zu den am wenigsten ehrenvollen. Das Militärregime, das es der Heimat von Aristoteles, Platon und Sokrates in den Jahren 1967 bis 1974 bescherte, wird nicht von ungefähr als »Diktatur der Obristen« oder »Junta« bezeichnet. Fragt man zum Beispiel einen der Soldaten, die den Eingang zum Lager Moria bewachen, warum denn das Fotografieren verboten sei, wird er sagen: »Ist verboten« oder »So lautet der Befehl, ist einfach verboten«. Weil er selbst nicht weiß, warum, einmal abgesehen davon, dass Befehl natürlich immer Befehl ist. Das Ganze ließe sich tatsächlich auch umgehen, indem man sich zu dem Büro für Flüchtlingsbelange in Mytilini begibt und sich dort eine Erlaubnis besorgt, nur ist dieses Büro die meiste Zeit geschlossen. Die Flüchtlinge selbst, nicht nur die in Moria sondern auch in allen anderen Lagern, die wir besucht haben, mokieren sich über die Situation, vermelden, nur den ausländischen Medien sei der Zugang untersagt, die griechische Presse und das griechische Fernsehen würden hier nach Herzenslust fotografieren und filmen, natürlich um immer ein positives Bild vom Leben in den Lagern aufrechtzuerhalten.

Doch sind es nur die Medien, die lügen? Was ist mit den Regierungsstellen und Nichtregierungsorganisationen? Was mit den verschiedenen Organisationen und Einrichtungen der Vereinten Nationen, die allesamt von sich sagen, sie seien hier, um den Flüchtlingen zu helfen? Lügen sie auf ihre Art nicht auch? Was zum Beispiel ist mit dem griechischen Zivilbeamten, der die Aufsicht über das Transitlager Kara Tepe führt? Wobei ich nicht weiß, ob er für diese Aufgabe durch die Armee bezahlt wird, oder ob dieses Lager tatsächlich eine Ausnahme darstellt und nicht unter die Zuständigkeit des Militärs fällt, da es offiziell ein Lager für besonders Schutzbedürftige ist. Auf jeden Fall teilt uns dieser Lagerleiter auf meine Frage, warum es mir nicht erlaubt sei, mit den Flüchtlingen zu reden, mit, er verfahre so, um die Laune der Menschen in seinem Lager zu schützen: Diese fasteten und müssten im Ramadan in Ruhe gelassen werden. Die Syrer und Iraker hingegen, mit denen ich vor dem Lagereingang zusammentreffe, berichten ganz etwas anderes, nämlich dass die Zahl der im Lager Fastenden gering sei. Wer würde denn auch unter solch menschenunwürdigen Bedingungen fasten wollen? Die Lagerleitung enthält uns Essen vor, sagen sie mir, unter dem Vorwand, wir würden ja ohnehin auf die Mahlzeiten verzichten. Offenbar wollen sie nicht, dass ihr die Wahrheit erfahrt.

Aber was ist die Wahrheit?

Die Liste der Beschwerden, welche die Flüchtlinge vorbringen, ist lang: Nicht nur, dass sie auf unbe-

stimmte Zeit hier festhängen, weder Aufenthaltserlaubnis in Griechenland erhalten, noch in die Länder
abgeschoben werden, aus denen sie gekommen sind.
Vor allem aber sind die Bedingungen, unter denen
sie leben müssen, kaum als menschenwürdig zu bezeichnen. Auf Lesbos zum Beispiel gibt es zwei Lager,
Kara Tepe und Moria. Ersteres ist klein, ein Lager für
Sonderfälle, während das zweite groß und für Regel-
fälle bestimmt ist. Die meisten Bewohner des Lagers
Kara Tepe sind Syrer und Iraker, ungefähr eintausend
Menschen, kinderreiche Familien zumeist, die darauf
warten, mit anderen Mitgliedern der Familie vereint
zu werden, die es schon nach Europa geschafft haben.
Außerdem finden sich dort Kranke und minderjährige
unbegleitete Flüchtlinge. Die meisten von ihnen haben bereits eine persönliche Anhörung hinter sich und
warten nun darauf, verlegt zu werden. Wohin? Niemand weiß das. Um ihre Papiere zu bekommen oder
zu einem erneuten Gesprächstermin zu erscheinen,
müssen sie sich nach Moria, dem Hauptlager, begeben,
was bedeutet, dass sie die Kosten für das Taxi aus eigener Tasche zu bezahlen haben. Doch so berechtigt und
nachvollziehbar die Klagen der Bewohner des kleinen
Lagers über die miserablen Lebensbedingungen und
die schlechte Qualität des Essens – jeden Tag gebe es
Makkaroni – auch sein mögen, im Vergleich zu den Insassen des Hauptlagers leben sie unter ungleich bes-

seren Bedingungen. Denn im Gegensatz zu den Menschen im Hauptlager Moria können sie sich zumindest frei bewegen und das Lager verlassen.

Das Hauptlager, von seinen Bewohnern auch Guantánamo genannt, zählt zurzeit zwischen drei- und viertausend Flüchtlinge, es beherbergt also den größten Teil derer, die von der griechischen Küstenwache aufgegriffen wurden und nun damit rechnen müssen, in Kürze zurück in die Türkei abgeschoben zu werden. Die meisten der dort festsitzenden Menschen berichten, sie seien schon seit vier Monaten und länger im Lager. Wer zumindest schon während der ersten zwei Monate einen sogenannten Passierschein erhält, um damit das Camp tagsüber ungehindert zu verlassen, kann sich glücklich schätzen. Denn bevor die Flüchtlinge mit diesem Ausweispapier ausgestattet werden, sind sie quasi in Moria interniert, dürfen, nachdem man ihre Fingerabdrücke genommen hat, das Lager, außer im Krankheitsfall, nicht verlassen. Das Areal ist von einem hohen, mit Stacheldraht bewehrten Elektrozaun umgeben und wird von Menschen unterschiedlichster Nationalität bewohnt: Syrer, Iraker, Iraner, Pakistani, Afghanen, Ägypter, Algerier und Marokkaner, Eritreer und Menschen aus anderen afrikanischen Ländern warten dort auf ihre Anhörung. Für den Fall, dass ihre Asylgesuche abgelehnt werden,

werden die Flüchtlinge für eine Dauer von sechzig Tagen festgesetzt und haben während dieses Zeitraums das Recht auf einen einmaligen Einspruch. Wer davon Gebrauch macht, dem wiederum wird erlaubt, das Gefängnis zu verlassen und sich bis zu seiner letztendlichen Abschiebung frei auf der Insel zu bewegen. Und es sind genau diese Migranten, die auf ihre Abschiebung warten, über die die Bewohner von Lesbos klagen. Junge Männer, mehrheitlich aus Nordafrika, aus Algerien und Marokko, die – so die Anschuldigung der Insulaner – durch ihre Lage frustriert und in dem sicheren Wissen, dass man sie abschieben wird, organisierte Überfälle auf Geschäfte begehen, Türen und Schaufensterscheiben einschlagen, um die Läden auszurauben. Mit eigenen Augen habe ich solches während meines Besuches zwar nicht gesehen, aber ich kann es mir durchaus vorstellen, denn wer abgeschoben werden soll und sich wie ein Desperado in die Enge getrieben fühlt, wird versuchen, sich zumindest einen Teil des Geldes wieder zu beschaffen, das er den Schmugglern und Fluchthelfern gezahlt hat. Egal wie und egal auch, ob unschuldige Unbeteiligte dafür den Preis zu zahlen haben.

Sonderbar allerdings mutet an, dass die jungen Nordafrikaner ihre Fluchtroute geändert zu haben scheinen und nun in die Ägäis drängen, denn bislang hatten sie vor allem von Libyen und dem ägyptischen Alexandria aus versucht, nach Lampedusa oder Sizilien zu gelangen. Doch die Schmuggler scheinen ihre eigenen Routen und Gesetze zu haben und vor allem auch ihre eigenen Tarife. Die meisten der jungen Männer, mit denen ich gesprochen und die ich gefragt habe, ob sie ihre Angehörigen, ihre Bekannten und Freunde nicht über das Scheitern ihrer Flucht informiert hätten, darüber, dass das Abenteuer Europa missglückt sei, weil die Schmuggler sie betrogen hätten und man sie demnächst abschieben werde, antworteten mir, auch wenn sie Warnungen über die desaströse Lage in ihre Heimat sendeten, würde ihnen Zuhause niemand glauben, würden alle denken, ihre Situation sei doch gut. Aus eben diesem Grunde treffen noch immer Flüchtlingsboote auf Lesbos ein, nehmen die Überfahrt von der türkischen Küste zumeist bei Nacht in Angriff und landen am nördlichen Ende der Insel an, zwischen den Stränden von Eftalou und Molyvos, die beide eigentlich von Touristen bevölkert werden. Die Küstenwache und die griechische Armee wissen das und belassen es nicht nur dabei, die angelandeten Flüchtlinge festzunehmen, sondern säubern auch gleich die Strände. Keine Schlauchboote oder Rettungswesten liegen herum, nichts zeugt hier am Morgen mehr von den angeschwemmten Menschen. Die Strände müssen schön und sauber sein, damit die

Touristen nichts von all dem mitbekommen. So zumindest heißt es auf der Insel. Doch Touristen? Wer genau sind diese Touristen?

Eine gar nicht so einfache Frage, denn der Mythos, den die Griechen einem vom florierenden Tourismus auf Lesbos auftischen, entspricht nicht ganz der Wahrheit. Ja, es gibt hier ein paar Touristen, die meisten von ihnen sind Türken und Griechen vom Festland, dazu noch einige skandinavische Chartertouristen, doch traditionell zählt Lesbos eher nicht zu den griechischen Touristeninseln. In den Siebzigern und bis Mitte der Achtzigerjahre, als Griechenland erstmals einen Ansturm von Rucksacktouristen aus Nordeuropa erlebte, waren es Inseln wie Rhodos, Santorin, Kos und Kalymnos, welche die Besucher anlockten. Lesbos hingegen gehörte nie dazu, war nie Touristenattraktion; zum einen, weil die Insel traditionell von Landwirtschaft und Kleinindustrie dominiert ist, von der Leder- und Seifenproduktion und der Gewinnung von Speiseöl, wovon ihre rund elf Millionen Olivenbäume künden. Zum anderen liegt Lesbos weit von Athen entfernt und die Überfahrt von Piräus mit der Fähre dauert mehr als neun Stunden. So sind auch heute, außer im Monat August, wenn vermehrt Besucher aus der Türkei kommen, täglich lediglich drei kleine Fähren im Einsatz, die im Pendelverkehr zwischen dem am nächsten zum türkischen Festland gelegenen Punkt der Insel und der türkischen Hafenstadt Ayvalık verkehren. Und nicht zuletzt verfügt Lesbos auch gar nicht über die für den Tourismus nötige Infrastruktur, hat weder größere Hotelanlagen noch Touristenattraktionen zu bieten. Das Gerede vom Tourismus, der angeblich durch die Flüchtlinge Schaden nimmt, ist daher im Wesentlichen als Werbung in eigener Sache zu verstehen, welche der Insel Sondervergünstigungen und Gelder durch die griechische Regierung und die Europäische Union bescheren soll. Denn die gewerbliche Produktion liegt dieser Tage am Boden, während die Mehrwertsteuer jüngst in vielen Bereichen noch einmal von 23 Prozent auf 24 Prozent gestiegen ist, von weiteren Abgaben, welche die Bewohner von Lesbos auf vom Festland angelieferte Waren zu entrichten haben, gar nicht zu sprechen.

So also ist die Lage auf Lesbos. Doch was ist mit Idomeni, dem Lager, dessen Name monatelang durch alle Medien ging? Wer den Ort heute besucht, ist erstaunt, wie sauber dort alles ist. Nichts erinnert mehr an die Zelte, die die Flüchtlinge provisorisch und einigermaßen chaotisch errichtet hatten, nichts an die Wellblech- und Holzunterkünfte, welche die zahlreichen Nichtregierungsorganisationen und UN-Organisationen in die Landschaft gestellt hatten. Die Eisenbahnstrecke, die Griechenland mit der Republik Makedonien verbindet, ist geräumt, in beide Richtungen rollen wieder regelmäßig Züge und der Bauer, auf dessen Land das Lager Idomeni sich erstreckte, lenkt heute wieder ungehindert seinen Traktor über das weite Feld. Nur der massive Zaun und die Stacheldrahtbarrieren, die die Grenze zwischen Griechenland und Makedonien hermetisch abriegeln, sind noch da, bewacht vor allem auf makedonischer Seite durch Beamte der dortigen Grenzpolizei. Neu ist, was einen erwartet, begibt man sich zum Fahrkartenschalter, um ein Ticket für den Bus nach Polikastro zu erwerben: Ohne Reisepass oder Personalausweis kann man keine Fahrkarte mehr kaufen. Eine zweifelsohne sehr kurzsichtige und dumme Regelung, öffnet sie doch dem Schwarzmarkt Tür und Tor. Wer über die nötigen Ausweispapiere verfügt, kann nach Belieben Fahrkarten erwerben und diese mit saftigem Aufpreis an die Flüchtlinge weiterverkaufen. Denn die Bewohner von Polikastro beklagen eine Wirtschaftsflaute. Die Hotels, die vor Monaten noch allesamt restlos ausgebucht waren, stehen leer, und nur die Taxifahrer verdienen noch gut, da Taxen zum einzigen Verkehrsmittel für die Flüchtlinge geworden sind, die sich immer noch in der Umgebung von Polikastro aufhalten. (Die Fahrer haben – wie auf Lesbos auch – an der Zufahrt zu den Lagern einfach neue Taxistationen ins Leben gerufen.) Die griechischen Behörden oder vielmehr die griechische Armee, die das Lager Idomeni geräumt und gesäubert hat, hat die Flüchtlinge auf mehrere kleine Lager verteilt. Und die Militärs kennen dort keine Gnade, behandeln die Insassen wie Gefangene, ohne dass sich jemand wirklich dafür zu interessieren scheint, was dort geschieht. Die elenden Bedingungen, unter denen die geflüchteten Menschen im Lager Idomeni leben mussten, herrschen nun in diesen kleinen Auffanglagern, mit dem einzigen Unterschied, dass diese offiziell von der Armee organisierte und geschlossene Lager sind, die jedem Unbefugten ohne entsprechende Erlaubnis den Zutritt verwehren. Großfamilien leben dort in kleinen Zelten, schutzlos der hochsommerlichen Hitze der unbarmherzig brennenden Sonne ausgesetzt. Auf dem felsigen Boden, auf dem die Menschen schlafen, sind Scharen von Skorpionen und Schlangen unterwegs, es gibt weder Elektrizität noch sauberes Wasser, Toiletten und Waschräume sind verdreckt, und immer mehr Menschen leiden an Krankheiten wie Krätze und Depression. Kinder, die eine Impfung benötigen, eine Frau, die niederkommt, ein Kranker, der das Bewusstsein verliert – sie alle finden im Lager keine ärztliche Versorgung und müssen sich von den Vertretern des Roten Kreuzes im Lager eine Bescheinigung holen, die ihnen eine kostenfreie Behandlung im nächstgelegenen Krankenhaus erlaubt. Die Fahrt mit dem Taxi dorthin und wieder zurück muss aus eigener Tasche finanziert werden. Und im Krankenhaus angekommen, muss der Patient seine Lage ohne die Hilfe eines Übersetzers darlegen. Wem darüber das Geld ausgeht, der muss wohl oder übel seine Wintersachen tragen, da noch keine Sommerkleidung eingetroffen ist, obgleich wir schon bald Ende Juli haben.

Die verzweifelte Lage in den Lagern bewegt manchen Flüchtling dazu, eine Rückkehr ins Auge zu fassen. Doch wie die Zeiten sich geändert haben! Bis vor einem Monat noch musste man etwa 100 Euro zahlen, um auf dem Landweg von Griechenland zurück in die Türkei geschmuggelt zu werden. Doch nachdem die Grenzen auf dem Festland verstärkt worden sind und die Preise in Griechenland in die Höhe schossen, beträgt der Preis heute schon 350 Euro, Tendenz steigend. Womit die einzige Lösung, die den meisten der dort im Niemandsland in Agonie festhängenden Menschen bleibt, entweder in der Zahlung eines horrenden Betrags besteht (zwischen 3000 und 5000 Euro pro Kopf), um per Flugzeug in eine der europäischen Metropolen geschleust zu werden. (Bei Weitem nicht jeder verfügt über eine solche Summe, und Rückerstattungsgarantien im Falle eines Misserfolgs gibt es auch keine.) Oder aber in der Revolte. »Es ist nur noch eine Frage der Zeit, bis wir uns gegen die griechische

Armee erheben«, sagt mir Abu Shanab, ein Syrer, Vater von vier Kindern, den ich bei meinem ersten Besuch im Lager Idomeni im vergangenen April kennengelernt habe. Er ist jetzt in Nea Kavala (der Name des Lagers sollte eigentlich besser verschwiegen werden), einem Camp in der Nähe von Polikastro, das nicht nur von besonders bärbeißigen Soldaten bewacht wird, sondern bis vor zwei Monaten noch als Militärflugfeld diente. Das Bild eines Kampfjets schmückt noch immer den Eingang zum Lager. Doch vielleicht ist es ausgerechnet dieses in ihrer Heimat so viel Grausamkeit beschwörende Bild, das den Kindern, die keinen anderen Platz zum Spielen im Lager haben, ein bisschen Trost spendet, wie sie einander um das Schild jagen, die Arme ausgebreitet und den Jet im Sturzflug nachahmen.

Eine Reise, die nicht zwangsläufig ein Ende bedeutet

Diese Reise im Frühjahr 2016 in eine Region, die vom Sommer 2015 bis in den Herbst des darauffolgenden Jahres Schauplatz der großen Fluchtwelle von Süden nach Norden wurde, brachte mich dazu, zu längst vergangenen Epochen und fernen Ereignissen der Menschheitsgeschichte zurückzukehren, und veranlasst mich zu guter Letzt auch, an eine historische Zäsur zu erinnern, die unserem gegenwärtigen Datum deutlich näher und noch nicht gänzlich aus unserem Gedächtnis verschwunden ist. Denn die letzte Fluchtwelle war beileibe nicht die erste ihrer Art, so wie sie ganz sicher auch nicht die letzte bleiben wird. Und um eine Deutung zu finden für das, was gerade geschieht, oder – zumindest seelisch – auf das vorbereitet zu sein, was in Zukunft unserer harrt, muss man zurückgehen. Auch wer sonst nur im Jetzt lebt oder Pläne für die Zukunft macht, sollte doch wenigstens in diesem Fall in Gedanken einige Momente am Anfang des 20. Jahrhunderts verweilen, beim Ersten Weltkrieg und bei der Gründung der heutigen Türkei im Jahre 1923, die auf den Ruinen und Hinterlassenschaften des Osmanischen Reichs errichtet wurde. Auch dies war eine Zeit, die von Flucht und Migration geprägt wurde, überbordend von Geschichten der Vertreibung und Umsiedlung sowie erfasst von einer Veränderung des demografischen Charakters ganzer Landstriche in Rekordzeit. Wer heutzutage den Balkan besucht und nach dieser Geschichte Ausschau hält, wird mit Gewissheit alte Menschen treffen, die in jenem Zeitraum geboren wurden oder im Kindesalter Zeugen dieser Geschehnisse waren und nicht mit Erzählungen darüber geizen. Kurden, Armenier, Griechen, Türken, Sinti und Roma, Juden, Araber und andere Ethnien und Glaubensgemeinschaften, von denen sich hier noch eine lange Liste erstellen ließe: Menschen, die eines Tages aufwachten und sich damit konfrontiert sahen, ihr Haus, in dem ihre Familie seit Generationen gelebt hatte, verlassen zu müssen, um gezwungenermaßen in unbekannte Gegenden zu ziehen, denn wer sich widersetzte, war dem Untergang geweiht.

Was für ein Zufall – wenn es denn tatsächlich einer ist.

Fast auf den Tag genau einhundert Jahre vor meiner Ankunft im Lager Idomeni gegen Ende April 2016 unterzeichneten der britische Diplomat Mark Sykes und sein französischer Amtskollege François Georges-Picot am 16. Mai 1916 ein Geheimabkommen, seinerzeit schlicht als »Kleinasienabkommen« bezeichnet.

Einerseits war dies die Geburtsstunde aller »Nationalstaaten« der gesamten Region in ihren heutigen Grenzen und andererseits der Auslöser aller Konflikte und Probleme, unter denen der Nahe Osten bis zum heutigen Tag leidet. Weder die Türkei noch Syrien, Jordanien, Saudi Arabien, Israel, Palästina, der Irak oder Libanon existierten bis zu jenem Zeitpunkt als unabhängige Staaten, sondern waren Provinzen und Territorien des Osmanischen Reiches, eines Reiches, dessen Stärke einerseits in der Vielzahl seiner Völker und Glaubensgemeinschaften begründet lag, dem andererseits aber genau diese Pluralität zum Verhängnis werden sollte. Denn es waren nicht nur die Kolonialherren, die sich bei der Neuordnung der Region auf ihre eigenen Interessen und Vorteile konzentrierten, sondern auch zahllose Interessenvertreter im Militär, in der Politik und der Oberschicht der einheimischen Bevölkerung.

Und wenn wir noch einen Augenblick länger auf dem Balkan verweilen, der ja das Thema dieses Buches ist, so müssen wir zwangsläufig auf die Rolle zu sprechen kommen, die Mustafa Kemal Atatürk, der Begründer der modernen Türkei, beim Zustandekommen dieser Konflikte gespielt hat. Atatürk, der »Vater der Türken«, ein ehemaliger hochdekorierter Offizier der osmanischen Streitkräfte, geboren 1881 im griechischen

Thessaloniki, das damals noch Selânik hieß und Teil des Osmanischen Reiches war und einer Vielzahl von Volksgemeinschaften und Glaubensrichtungen als Heimat galt, verordnete der Türkei nicht nur einen strengen Laizismus, im Zuge dessen er sogar jahrhundertealte Moscheen wie die Hagia Sophia in Museen umwandeln ließ, er ersetzte nicht nur das arabische Alphabet durch das lateinische und verbot das Tragen des Schleiers, sondern gehörte auch zu den größten Befürwortern und Unterzeichnern jenes »Abkommens zum Austausch griechischer Bevölkerungselemente gegen türkische«, auf das sich im Jahre 1923 die türkische und die griechische Regierung während der Friedenskonferenz von Lausanne verständigten. Ein Abkommen, das die Religionszugehörigkeit zur Grundlage seiner Anwendung machte – und nicht etwa die ethnische Herkunft oder Muttersprache, nicht den Geburtsort oder persönlichen Besitz – und das zur Folge hatte, dass die griechischen Christen, die bislang in der Türkei gelebt hatten, nach Griechenland umgesiedelt wurden und gleichzeitig die muslimischen Einwohner, die in Griechenland beheimatet waren, in die Türkei emigrieren mussten, ob sie wollten oder nicht. Dieser Bevölkerungsaustausch wurde zur historischen Landmarke, zum ersten erzwungenen Bevölkerungstausch gewaltigen Ausmaßes im 20. Jahrhundert.

Eine Entwurzelung von Menschen aus ihrer Heimat und ihre erzwungene Neuansiedlung an einem anderen Ort hatte es zuvor bereits während der Balkankriege gegeben, während des Ersten Weltkriegs (mit dem Genozid an den Armeniern) und während des türkischen Unabhängigkeitskriegs, doch was sich in puncto Zwangsemigration und Repatriierung in den Jahren 1923/24 ereignete, zu einem Zeitpunkt, da knapp eine halbe Millionen Muslime in Griechenland lebten und etwa 1,2 Millionen Griechen, die meisten von ihnen griechisch-orthodoxe Christen, auf türkischem Gebiet zu Hause waren, war noch nie dagewesen. Auf beiden Seiten wurden die Menschen vertrieben und ihrer Staatsangehörigkeit beraubt, um letztendlich als Fremde in ihrer neuen Heimat zu leben. Anders gesagt: Diese Menschen wurden gewaltsam aber in »legaler« Form genötigt, ihre angestammte Heimat zu verlassen.

Erstaunlicherweise jedoch gelang es auf beiden Seiten einigen Familien, sich über alle Repressalien hinwegzusetzen und an ihrem Geburtsort zu verbleiben, zu überleben und ihr Leben auf irgendeine Weise in der angestammten Heimat fortzuführen. Wer heute den Balkan besucht, genauer gesagt die Gegend nordöstlich der griechischen und westlich der türkischen Küste auf dem Landweg und am besten mit dem Bus bereist, kommt erst durch das fast an der türkischen Grenze gelegene Alexandroupoli und dann nach Istanbul, um hierauf seine Reise gen Süden mindestens bis Izmir fortzusetzen (sofern man nicht gleich bis ins Dreiländereck der türkisch-irakisch-syrischen Grenzregion weiterfahren will). Unterwegs trifft man auf die Nachfahren dieser »Widerständigen«, die vielleicht gemeinsam mit einem den Bus besteigen, um die Familie auf der anderen Seite zu besuchen. Oder man stößt auf Stadtviertel und Häuser, die von einer versunkenen Geschichte zeugen, an die man sich aber jedes Mal wieder erinnert fühlt, wenn eine neue Welle der Flucht und Vertreibung anläuft.

Neben einer Handvoll Familien, die noch in Izmir und Ankara leben, ist die überwiegende Mehrheit der Griechen in Istanbul ansässig geblieben, in den Vierteln Galata und Beyoğlu und auf den sogenannten Prinzessinneninseln, vor allem auf Burgazada, Büyükada und dem aristokratischen Heybeliada. Auch sollten wir nicht vergessen, dass sich das ökumenische Patriarchat der orthodoxen Kirche, der die Griechen mehrheitlich angehören, im Istanbuler Stadtteil Fener befindet. Die türkische Minderheit hingegen konzentriert sich vor allem auf die Region Westthrakien entlang der türkisch-griechischen Grenze. Dort leben etwa 150 000 türkischstämmige Griechen, die rund ein Drittel aller

Einwohner ausmachen. Das Geburtshaus des Gründervaters der modernen Türkei, Mustafa Kemal Atatürk, beherbergt heute das türkische Konsulat in Thessaloniki sowie ein dem Leben Atatürks gewidmetes Museum. Doch ebendieser Mann, der Erbauer der modernen Türkei, war es auch, der seinem Land einen Todesvirus einpflanzte, als er bei der Nationengründung, ungeachtet seines Anspruches, Staat und Religion zu trennen, die Staatsangehörigkeit auf die Grundlage der Glaubenszugehörigkeit stellte. Sein Geburtshaus auf jeden Fall ist ein weiteres Zeugnis der reichen Vergangenheit, die vor Ort noch immer gegenwärtig ist, ein Eindruck, den der Besucher auch gewinnt, wenn er in einer Stadt auf der anderen Seite des Ägäischen Meeres zu Gast ist: Izmir, dem ehemaligen Smyrna.

Die Downtown von Izmir mit ihren architektonisch reizvollen Häusern und engen Gassen, wo einstmals die Mehrheit der griechisch-orthodoxen Gemeinde lebte und einige Straßen sogar noch immer ihren griechischen Ursprung bewahrt haben, ist heute ein beliebtes Nacht- und Vergnügungsviertel der türkischen Jugend, gut bestückt mit Bars, Diskotheken und Restaurants, ein fröhlich-lautstarkes Ausgehviertel mit einer Einkaufsmeile, die bis zur Bahnhofsstraße führt, und es wirkt, als sei niemals jemand von dort vertrieben worden und als sei dort nie Blut geflossen.

Doch was ist mit dem ältesten Fahrstuhl – einem echten »Ascenseur« – der Türkei (vielleicht sogar ganz Europas), erbaut von einem jüdischen Ingenieur, der im alten jüdischen Viertel Karataş hoch über der Stadt endet? Wer sich an den Aufstieg dorthin macht, passiert als Erstes die prachtvolle, im Jahre 1907 eröffnete Synagoge, die heute verwaist und verschlossen ist und von einem einsamen türkischen Polizisten bewacht wird. Oder das Haus von Darío Moreno, der als David Arugete in eine sephardische Familie in Aydın geboren wurde und später im Viertel Karataş lebte. Moreno, ein seinerzeit äußerst bekannter und populärer Sänger, ging 1948 nach Paris, um dort erste Plattenaufnahmen zu machen und auch in mehr als dreißig Filmen, unter anderem mit Brigitte Bardot, mitzuwirken. Zurückgekehrt in die Türkei erlag er am 1. Dezember 1968 in Istanbul einem Herzinfarkt, just als er im Begriff war, ein Taxi zum Flughafen zu nehmen.

Diese Orte sind vielleicht nur einige wenige, mit Gewissheit aber beredte Zeugen dessen, was sich vor beinahe einhundert Jahren dort ereignet hat. Doch sie künden auch davon, was heutzutage geschieht, wie steinerne Mahner, die aus dem Tal des Vergessens rufen, um uns vor der Zukunft zu warnen.

Bevor diese Reise entlang der Balkanroute, diese Reise durch Fluch und Segen der Jahrtausende endet, erlauben Sie mir, Ihnen noch zu erzählen, was Darío Moreno nach seinem Tod widerfahren ist. Denn seine Geschichte ist der vielleicht stärkste Beleg überhaupt, wie eng der Reichtum kulturellen Austauschs und die erzwungene Umsiedlung oft aneinandergrenzen. Eine Begebenheit, die nachgerade als Quintessenz der Geschichte des Balkans zu lesen ist, als Quintessenz dessen, was sich in der Vergangenheit dort ereignet hat, was heute dort geschieht und was sich dort schon morgen mit Gewissheit wiederholen wird.

Entgegen seinem ausdrücklichen Wunsch, in Izmir begraben zu werden, der Stadt, der er mit seinem Lied »Canım İzmir« eine Liebeserklärung hinterlassen hat – ein Gassenhauer, der von den Einwohnern Izmirs, vor allem den älteren, noch heute mit Inbrunst gesungen wird –, hat man ihm am Ende südlich von Tel Aviv in der israelischen Kleinstadt Cholon beigesetzt.

Welch ein Paradox! Auch wenn der Jude Moreno nicht der griechischen Minderheit angehört haben mag, die sich im Zuge der großen Bevölkerungsumschichtung beharrlich weigerte, Izmir zu verlassen, so war er doch Angehöriger einer anderen Minderheit, die ebenfalls in der Türkei Pogromen ausgesetzt war und dennoch ihre Heimat nicht verlassen hat. Er gehörte mithin zu einem kleinen, versprengten Rest türkischer Staatsbürger, die bis zu ihrem Tode geglaubt hatten, die Heimat, das Vaterland habe nichts mit ihrer Religionszugehörigkeit zu tun; eine übrig gebliebene Minderheit, die trotz drohender Vertreibung und Entwurzlung unbeirrbar daran festgehalten hatte, in ihrem Geburtsland auszuharren. Doch kaum waren sie gestorben und damit der Möglichkeit beraubt, sich selbst zu verteidigen, dachten andere – Feinde der Staatsbürgerschaft, Prediger des Hasses und fanatische Kriegshetzer – es sei nun der Moment gekommen zu verwirklichen, wovon sie schon immer geträumt hatten: eine günstige Gelegenheit, sie endlich zu entwurzeln und umzusiedeln, selbst noch als Leichen.

Gibt es ein eindrücklicheres Beispiel als das Schicksal Darío Morenos, den erst der Tod ereilen musste, um doch noch vertrieben zu werden? Ein Beispiel für ein Verhängnis, das Millionen von Menschen auf dem ganzen Erdball droht, die von Vertreibung, Entwurzelung und oft auch dem Tod bedroht sind, wenn wir sie nicht hören.

Doch sie werden immer weiter anklopfen, Millionen von Menschen, die ein Leben in Frieden suchen, werden an unsere Türen klopfen, werden ohne Unterlass klopfen, solange es Kriege, Katastrophen und Hunger gibt, ja solange Flucht und Bewegung allgegenwärtig sind.

NAJEM WALI, 1956 im irakischen Basra geboren, flüchtete nach Ausbruch des Iran-Irak-Kriegs nach Deutschland. Er war lange Zeit Kulturkorrespondent der arabischen Tageszeitung *Al-Hayat* und schreibt regelmäßig für verschiedene deutsche Zeitungen. Er veröffentlichte zahlreiche Romane und Erzählungen. Heute lebt Wali in Berlin.

Erste Auflage Berlin 2017

© 2017

MSB Matthes & Seitz Berlin Verlagsgesellschaft mbH
Göhrener Straße 7, 10437 Berlin
info@matthes-seitz-berlin.de

Copyright der Passagen aus John Dos Passos' Orient-Express:
© 1927 by John Dos Passos, renewed 1955 by John Dos Passos.
Copyright der deutschen Ausgabe © Verlag Nagel & Kimche
im Carl Hanser Verlag 2013, in einer Übersetzung von
Matthias Fienbork, S. 12 f., 15, 17 f., 23, 27 f., 36, 176.

Copyright Abbildungen © Goran Potkonjak
Alle Rechte vorbehalten.

UMSCHLAG UND SATZ: Pauline Altmann, Berlin
DRUCK UND BINDUNG: Beltz Grafische Betriebe, Bad Langensalza
ISBN: 978-3-95757-451-0

www.matthes-seitz-berlin.de